DAXUESHENG CHUANGXIN CHUANGYE
NENGLI TISHENG LUJING YANJIU

大学生创新创业能力提升路径研究

◇ 谷萍 著

图书在版编目（CIP）数据

大学生创新创业能力提升路径研究 / 谷萍著. -- 成都：电子科技大学出版社，2023.9
ISBN 978-7-5770-0449-5

Ⅰ.①大… Ⅱ.①谷… Ⅲ.①学生－创业－能力培养－研究 Ⅳ.①G647.38

中国国家版本馆 CIP 数据核字(2023)第 149392 号

大学生创新创业能力提升路径研究
DAXUESHENG CHUANGXINCHUANGYE NENGLITISHENG LUJINGYANJIU

谷 萍 著

| 策划编辑 | 罗国良 |
| 责任编辑 | 罗国良 |

出版发行　电子科技大学出版社
　　　　　成都市一环路东一段 159 号电子信息产业大厦九楼　邮编 610051
主　　 页　www.uestcp.com.cn
服务电话　028-83203399
邮购电话　028-83201495

印　　刷	北京京华铭诚工贸有限公司
成品尺寸	170mm×240mm
印　　张	13
字　　数	260 千字
版　　次	2023 年 9 月第 1 版
印　　次	2024 年 1 月第 1 次印刷
书　　号	ISBN 978-7-5770-0449-5
定　　价	78.00 元

版权所有，侵权必究

前言

近几年,随着国家大力推动"大众创业"和"万众创新","众创""众包""众扶"和"众筹"等支持平台得到了迅速发展,形成了一股以"互联网+"为主要特点的创新创业浪潮,新思想、新创意、新模式层出不穷,新技术、新产品、新形式不断涌现,创新成果丰硕,创业英才辈出。人民群众对创新和创业的热情正在形成一股强大的动力,推动中国经济的飞速发展。

创业是经济活力之源,更是社会进步之翼。大学生是大众创业的主力军,高校应当担负起大学生创业教育的责任,深化高等教育的改革,激发大学生的创新能力,培养大学生的创业精神、创业意识,让他们参与到创业实践中所需要的创业技能中去,推动以创业带动就业,这是高等教育和整个社会都要关注的一项工作。在全球化的竞争环境下,中国要想在平稳中发展,创造发展新高潮,最重要的就是要培养出更多的科技、经济、建设和管理方面的人才。因此,高校是国家培养全方位人才的基地,加强实践教学,促进创业教育,转变传统的教育模式,与创新驱动发展的战略思想相结合,创新创业教育的观念,培养出全面发展的高素质人才,这是当务之急。面对时代发展的新机遇,高校要尽快地适应经济及社会发展的新模式,深化教育改革,探索新的教育模式,加快新型创业教育模式的发展,为社会培养高素质创新型人才,实现战略目标。

《大学生创新创业能力提升路径研究》一书从创业的内涵及本质入手进行阐述,全书共八章,涵盖创业概论、大学生创新能力、大学生创业基本素质、大学生创新创业活动教育现状分析、大学生创新创业教育课程体系的构建、大学生创新创业教育实践教学体系的构建、大学生的创业风险研究和大学生创业教育的未来展望。

本书以大学生创新创业能力提升为重点研究内容,以创新创业为宏观主题,深入探究大学生创新创业能力提升的前沿理论。

本书内容框架完善,每章都做了详细的阐述与分析,为"互联网+"时代大学生创新创业能力提升研究建构了可资借鉴的理论框架,为大学生创业教育的继续发展提供了有效经验,并指明了方向。同时,本书坚持以能力为导向,以激发学生学习兴趣、开阔学生视野为要求,提升学生综合素质。通过创新创业教育的内外延伸,让学生充分体会到现实中的创业要求,不仅需要掌握创业理论知识,更需要具有开阔的眼界、敏锐的洞察力、广泛的人脉、有胆有识的谋略、与他人分享的愿望、自我反省的能力等,进而树立科学的创业目标。

由于编者水平有限,书中难免有不足之处,敬请广大读者批评指正。

编 者

2023 年 5 月

目录 CONTENTS

第一章　创业概论 ··· 1

　　第一节　创业的实践性本质 ·· 2
　　第二节　创业的基本类型与社会方位 ·· 12
　　第三节　创业的动机与动力 ·· 27
　　第四节　创业的主客体关系 ·· 39

第二章　大学生创新能力 ·· 57

　　第一节　创新思维 ·· 58
　　第二节　创新方法 ·· 65
　　第三节　创新能力开发与测评 ··· 71
　　第四节　网络时代的创新 ·· 76

第三章　大学生创业基本素质 ··· 81

　　第一节　创业意识确立 ·· 82
　　第二节　创业素质提升 ·· 88
　　第三节　创业能力培养 ·· 94

第四章　大学生创新创业活动教育现状分析 ··· 101

　　第一节　大学生创新创业教育的研究 ··· 102
　　第二节　大学生创新创业教育的重要性和必要性 ·· 104

第三节　大学生创新创业教育问题的原因分析 …………………… 107

第五章　大学生创新创业教育课程体系的构建 ……………………… 113
第一节　大学生创新创业教育课程的目标 ……………………………… 114
第二节　大学生创新创业教育课程体系建设现状分析 ………………… 117
第三节　大学生创新创业教育课程体系建设策略 ……………………… 121
第四节　大学生创新创业教育的学科化发展取向 ……………………… 125

第六章　大学生创新创业教育实践教学体系的构建 ………………… 135
第一节　大学生创新创业教育实践教学体系解析 ……………………… 136
第二节　大学生创新创业教育实践教学体系建设策略 ………………… 141
第三节　大学生创新创业支持体系构建 ………………………………… 147

第七章　大学生的创业风险研究 ……………………………………… 157
第一节　大学生创业风险的理性认知 …………………………………… 158
第二节　大学生创业风险根源与类型 …………………………………… 163
第三节　大学生创业风险的识别、评估与控制 ………………………… 168

第八章　大学生创业教育的未来展望 ………………………………… 175
第一节　大学生创业教育的发展趋势 …………………………………… 176
第二节　高等教育要厚植创新创业文化基础 …………………………… 180
第三节　中国大学生创业教育的未来 …………………………………… 190

参考文献 ………………………………………………………………… 198

第一章

创业概论

第一节　创业的实践性本质
第二节　创业的基本类型与社会方位
第三节　创业的动机与动力
第四节　创业的主客体关系

如今，随着个人经济水平的提高，许多大学生会选择自己创业。然而，创业往往会涉及一些风险，还会涉及一些未知的知识，这就需要创业者从广义的角度来看待这些问题。

第一节 创业的实践性本质

对于创业的定义，目前还没有一个统一的认识。从哲学上讲，这是一种必然，也是一种常态。不同类型的创业只代表了创业活动的一个层面，人们对创业活动的研究往往都是从一个特定的角度来进行阐述的，因此很难形成一致的理解。但从哲学的角度来研究"创业"，意见不统一这一矛盾就成了第一个需要解决的问题，否则，就无法做到从众多不同的"创业"概念中，科学地提取出一个普遍认可的"创业"概念，从而建立起自己的逻辑起点，更不能站在世界观的高度，去观察复杂多变的创业现象，从而发现其机理的深层本质，洞悉创业世界的玄秘，并开展有效的创业教育实践。

一、"创业"是一个历史演变着的多义范畴

近代以来，资本主义商品生产的兴起与发展，使社会的分工更加细化，人们在经济生活中的劳动受到更多的关注；尤其在当今社会，企业与企业、区域与区域、国家与国家的竞争，在很大程度上不依赖于资源和人力，而依赖于科技和经济的发展水平。"创业"这一术语在认知范畴内，其含义与外延已逐步经历了一次历史性的变化，并演变成现在所见的各种各样的"创业"概念。

"创业"一词由"创"和"业"组成。所谓"创"就是创造，即创建、创立、创新之意，《辞海》的解释是"创立基业"。《孟子·梁惠王》有："君子创业垂统，为可继也"。这里所谓的"创业"是广义上的创业，是指"事业的基础、根基"，既可以是古代的"帝王之业""霸王之业"，也可以是百姓家业、家产和个人事业。"业"字的意义也是多种多样的。《现代汉语成语词典》中关于"业"的解释是：学习；业务、工作；专业、就业、转业、事业；财产、家业、企业等，由此可以看出"业"的内涵是极其丰富的。同样，"创业"的内涵也极为丰富，在本质上、种类上、范围上、过程上、阶段上都存在着差别。

"创业"一词在现代被广泛地用来形容一项新的事业，而"守业"一词则是一种

相对的概念，它是一种维护先辈已经取得的成绩、成就的行为。自从改革开放之后，创业被定义为，所有的个体或者团体建立自己企业的经营活动，如开店铺、办厂、创办公司、投资做生意等生产经营活动。"创业"这一概念在大学里通常被用来表示：以学习到的知识为基础，以技术、工艺、产品、服务等方面的创新成果作为支撑，借助风险资本资金，开创性地提供有广阔前景的新技术、新工艺、新产品、新服务，直到新的高科技企业或新的产业被孵化出来的一系列活动。

从汉语中对"创业"一词所表述的含义来看，"创业"一词通常有三种含义：一是强调创业之初的艰难；二是强调创业活动的影响；三是注重对前人的研究，取得新的成果、新的贡献。对于"业"的范畴并不限定，只是一种新的成果。所以，创业就是一种过程，它是一种个体在自己的主观努力下获得的新的结果。

理论研究对"创业"有很多表述，国内外具有代表性的主要有以下几种。

刘常勇认为，创业是一种无中生有的历程，是创业者依据自己的想法及努力工作来开创一个新企业，包括新公司的创立、组织中新单位的成立以及提供新产品或者新服务，以实现创业者的理想。[①]

宋克勤认为，创业是创业者通过发现和识别商业机会，组织各种资源提供产品和服务以创造价值的过程。创业包括创业者、商业机会和资源等要素。[②]

雷家骕等认为，创业就是为了实现商业利润。创业是"发现、创造和利用商业机会，组合生产要素，创立自己的事业，以获得商业成功的过程或活动"。[③]

刘健钧认为，创业是"一种创建企业的过程，或者说是创建企业的活动"，创业需要一个创业的实体，这个实体通常就是企业。他强调了创新与创业的区别，指出创业活动必然涉及创新，但创新并不必然是创业活动。[④]

罗天虎主编的《创业学教程》将创业定义为"社会上的个人或群体为了改变现状、造福后人，依靠自己的力量创造财富的艰苦奋斗过程"。创业就是一个创造和积累财富的过程，创业活动具有开拓性、自主性和功利性等基本特征。[⑤]

由美国巴布森学院（Babson College）和英国伦敦商学院（London Business School）联合发起，加拿大、法国、德国、意大利、日本、丹麦、芬兰、以色列

---

① 刘常勇. 创业管理的12堂课[J]. 北京：中信出版社，2002.
② 宋克勤. 创业成功学[M]. 北京：经济管理出版社，2002.
③ 雷家骕. 高技术创业管理：创业与企业成长[M]. 北京：清华大学出版社，2005.
④ 刘健钧. 创业投资制度创新论[M]. 北京：经济科学出版社，2004.
⑤ 罗天虎. 创业学教程[M]. 西安：西北工业大学出版社，2003.

等十个国家的研究者应邀参加的"全球创业监测"项目,把创业定义为"依靠个人、团队或一个现有企业来建立一个新企业的过程,如自我创业、一个新业务组织的成立或一个现有企业的扩张"。此外,国外还有众多学者对"创业"一词进行了不同侧面的解读,详见表1-1。

表1-1 国外学者对创业的定义

学者	创业的定义	关键词
[美]霍塞利茨 (Hoselitz,1952)	创业是承受不确定性,协调生产性资源,引入创新和提供资本的活动	不确定性、生产性资源、创新
[美]科尔 (Cole,1965)	创业是发起和创建以营利为目的的企业活动	发起、创建、营利、企业活动
[英]马克·卡森 (Mark Casson,1945)	创业是对稀缺资源的协调整合	稀缺资源、协调整合
[美]弗兰克·奈特 (Frank Knight,1885)	创业是承受不确定性和风险而获取利润	不确定性、风险、利润
[美]霍华德·斯蒂文森 (Howard Stevenson,1941)	创业是一个人追踪和捕获机会的过程,这一过程与其当时控制的资源无关。后又进一步指出,创业就是察觉机会、追逐机会的意愿及获得成功的信心和可能性	察觉机会、追逐机会、意愿、信心、可能性
[美]杰弗里·蒂蒙斯 (Jeffry A. Timmons,1942)	创业是一种思考、推理和行为方式,这种行为方式是机会驱动、注重方法和与领导能力的平衡。创业导致价值的产生、增加、实现和更新,不只是为所有者,也为所有的参与者和利益相关者	机会驱动、价值的产生、增加、实现和更新
[美]约瑟夫·熊彼特 (J. A. Sehumpeter,1883)	创业就是在市场及行业内进行"创造性毁灭",同时创造新产品或新的商业模式	创造性毁灭、创造新产品
[美]罗伯特·康瑞德 (Robert C. Ronstad,1935)	创业是一个创造增长财富的动态过程	创造增长财富、动态过程

续表

学者	创业的定义	关键词
[美]彼得·德鲁克 (P. Drucker, 1909)	创业不仅是创组织或开展新业务，更是一个创新的过程。在这个过程中，新产品和新服务的机会被确认、被创造，最后被开发出来产生新的财富	创新的过程、机会确认、价值创造

这些定义都描述了创业的一个或几个侧面，如强调了识别机会的能力，强调预测下一个不完美的市场以及不平衡将会在什么时候出现买卖行为和能力。西方有影响和有代表性的创业定义主要立足于四方面，即创业家个性与心理特质、识别机会的能力、获取机会、创建新组织与开展新业务，其中的两方面涉及创业机会。

创业精神是人类最根本的生活方式，是一切的财富之源，也是实现国家强盛、社会繁荣、人民富裕的必经之路。人类的发展史就是创业的发展史，无论是社会文明还是物质文明，都是创业者用自己的汗水和智慧创造出来的。

从范围上讲，创业有广义、狭义之分。广义上的创业是一种广泛的、具有开创意义的、具有社会转型意义的活动，所以，被称为创业，其肯定是有利于国家、有利于社会、有利于人民的行为。广义的创业涵盖的范围很广，不管是政治、经济、军事还是文化艺术，只要是人们所从事的是以前没有做过的事情，都可以被称为创业。从狭义上说，创业是指社会上的个人或团体，为了创造财富而自己开展的社会活动，建立自己的经济组织，并从中获得经济效益。这样的活动，可能是人类先辈们的一次又一次的尝试，但是，对于一个创业者来说却是一次全新的尝试。在改革开放中，一批从零开始开创新局面的企业领袖，他们从事的都是狭义上的创业活动。基于以上的分析，我们可以给创业下一个明确的定义：创业就是个人或社会群体，为了改变现状、造福子孙后代，依靠自己的努力创造财富、开创新局面而进行的艰苦奋斗。

二、创业是人类一种特殊的实践活动

目前社会在对创业的理解上存在巨大的分歧，从哲学角度对创业所做的定义比较统一，即将创业视为一种特殊的"活动"。但是，对于这种活动的性质，以及这种活动与其他人类活动之间的关系，却存在着不同的看法。大致可分为三种：一是将创业看成一种可观察、可量化的组织商业活动，认为创业就是组织调配资源、指挥控制作业人员的感性活动。这一观点把决策等思维活动从创业活动中剔除出去，认为创业虽然与决策、政策、计划等思维形式密不可分，但其本身并不属于创业。二是认为创业既包括创业的感性活动，又包括指导创业实践的理性思维活动，主张创业是一种"社会活动"。三是提出了创业是一种特殊的社会实践活动，并以其为基础的社会实践活动。

在上述三种观点中，前者明显有失偏颇，因为创业并非纯粹的感性，也非纯粹的理性，而是感性与理性、行为与思维的结合。任何一项完整的创业活动，都要经过预测、决策、规划到组织、指挥、调控两个大的环节，缺一不可。

由于前者显然是一面之词，那么后者是不是也能站得住脚呢？确实，第二种观点非常全面，它认为创业不仅包括了创业者的一系列主观认知活动，还包括了组织、指挥、调控创业活动对象的实际活动或实践活动。然而，他们忽略了一件很关键的事情，那就是，创业是一种"社会活动"，有主次之分吗？是企业的实践行为决定了企业的行为，还是反过来？所以，后一种视角是全面的，但是不够深入，也不能清楚地说明创业精神的实质。但是，如果不能真正做到"全面"，那就只会是一种表面上的"全面"，不利于人们在哲学层面上对创业进行正确的理解。

笔者赞同第三种看法，认为创业在本质上是一种特殊的社会实践活动。至于为什么要把创业的本质归结为一种特殊的社会实践，可从以下四方面加以阐述。

首先，创业是一种有目的的行为，有别于动物的自然行为，也有别于人的潜意识行为。我们知道，动物虽然也有行动，但是它们的行动大多是从基因中继承下来的本能，并没有清楚的、有意识的思想指引。虽然有些高级哺乳动物已经有了初步的人类意识，他们的行为也有了比其他动物更高的目标指向，但是，这毕竟是一种本能的行为，他们还没有认识到自己行为的意义。人有一种和动物一样的本能，但也有一种和动物完全不同的目的。

人是一种天然的生命体，它具有一种与生俱来的求生存和求安全的生物本能，它是一种无意识行为。人之所以能成为人，是因为他有另外一种类型的活动，也就是由各种意识控制着的目的性活动。创业就是这样。在人类创业的初期，创业者就具有了清晰的目标和计划。伴随着创业目标的日益复杂与规划的不断完善，创业决策与规划已经成为影响创业成功与否的关键因素。很显然，创业是一种有目的的行为，目的是其首要的本质特征。

其次，创业是以有意识的目标、以复杂的形式将参与的创业者进行高度的自我组织的行为。从系统理论的角度来看，所有的系统都具有自组织特性。系统中的各种元素能够按某种结构形式构成一个有秩序的体系，是由其内部的结合机理所决定的。从最简单的原子，到最复杂的生命，每一种生物都有自己的体系，每一种体系都有自己独特的结构，没有这些结构，自然界就会陷入一种无序的混乱和分散状态。人类社会是一种最复杂、最特殊的、由许多人、许多物所构成的系统，它也是一种自组织系统；但是，它与自然界中的物质体系有很大的不同。自然界中存在着一系列的物理、化学、生物等不同的组织机理，这些机理在自然界中起着不同的作用。在人类社会中，许多经济、社会活动并不是自然组织的，而是依靠自己独特的组织方式，而创业就是其中一种重要的形式。在马克思的哲学中，人类从猿猴到人类，经过了一个非常长的过程，最后是劳动把人类从动物的状态中解放出来的。而严格意义上的"劳动"并不是指原始性个体的分散寻找食物的行为，而是指把原始性个体按一定顺序进行的社会性组织行为。可见，创业活动不仅以其明确自觉的目的性与动物的本能活动区别开来，还以其自觉的组织性与自然系统自发的组织性区别开来。

再次，创业是人为达到目标而进行的一种客体化行为，它是一种主观在客观世界中的行为见证。人的有意识的行为可以分为两种：一种是人们在认识中看到的客观事物，一种是人们在实践中看到的主观事物。前一种是主观对客观事物的反映，它由外而内，由客观而主观，其最终目标是对客观世界的认识；后者，也就是主体对客体的能动的改造，它的过程正好是相反的，它的特点是由内而外，由我及物，它的最终目标是实现主体自己的需求、意志和追求。很明显，这两种行为都有着明显的目的性，但是他们的目的性指向恰恰是相反的。黑格尔把后者看作一种客观化(物化、异化和外化)的过程。而马克思把它看作一种为了使人获得自由而进行的一种实践。毫无疑问，创业是一种具有明确目标指向的人类自组织活动，它与预测、目标、决策、计划等思维形式密不可分。并且，在创业的整个过程中，不管是组织(企业和社会组织)的创造，还是组织在具体活动中的控制、协调、激励、引导诸环节，都无处不渗透着创业者的意向、偏好以及创业组织成员的情绪、追求。

最后，创业是一种特殊的实践活动。一般而言，实践是指人对客观世界进行改造的真实活动，"改造"或者说"对象化"是它的根本特点，也就是按照人的目标需要，对现存的事物和秩序进行改造，并创造出新的事物和秩序，以满足人的需求。而创业则不同，它是一种特殊的实践行为，与一般意义上的"实践"有两个不同之处。

其一，两类实践的对象性客体不同。一般实践是以外部客观世界为其作用对象，实践者直接面对的是自然和社会环境。创业作为计划、组织、控制各类实践活动的特殊实践，创业者直接面对的不仅是外部自然界和创业组织以外的社会环境，而且包括参与各类实践活动的人和组织，是以各类实践活动为其作用对象。其二，两类实践的主体不同。一般实践的主体是指直接参与改造自然和变革社会的多数人，包括从事生产实践的工人、农民、工程技术人员，从事科学实践的科研人员和从事各类具体社会实践的人（如普通士兵、警察、政府各级各类事务人员等），以及直接配合这些实践活动的辅助人员（如物资储运人员、信息传输人员、资金保管人员等）。而创业实践的主体，就是对各种实践活动进行规划、指导、组织、指挥的少数人，也就是创业者。当然，由于在现实生活中，有些人同时拥有双重身份，因此这两类不同实践主体的划分只具有相对的意义，但两者之间的区别也是显而易见的，无论在什么时间什么地点，创业实践的主体都是指直接从事各类创业活动的少数人，而不是直接参与其他实践的多数人。如果看不到二者的这种区别，就抹杀了社会分工，无法理解创业何以是一种特殊的实践活动。

从以上几点来看，创业并非一种没有目标的本能行为，而是一种有意识的、有计划的行为；从实质上讲，这是一种基于已有知识而达到目标的实践行为；一般实践并不是对客观世界进行直接改造，而是对具体实践进行规划、组织、指导和控制，以达到创业的目的；它不仅是一种实践，而且是一种普遍存在于整个人类社会中的实践。所以，如果用上面的内容来概括创业，可以说创业就是创业者为达到一定目标，而对某种实践活动进行的组织行为过程或特殊实践活动。

三、创业的基本特征

由于创业在本质上不能被归纳为一种思想，而只能被归纳为一种实践，这就表明了它具备了实践的共性，也就是，它是一种将其他各种实践作为目标的特定实践，同时还包含了一系列不同于其他实践的特点。

首先，创业作为一种实践，无疑具有各类实践共有的客观性。这是因为：第一，无论何种创业，都是由创业主体有目的地作用于创业客体的活动。无论是创业主体——人，或是创业客体——财、物、时间、空间、信息，都是不以个人意志为转移的客观存在。这说明创业的两大基本要素是客观的。第二，创业活动虽然是人们有目的的、受创业者思想控制的活动，但本质上不能归结为思维活动，而应归结为实践活动。创业的形成与发展,在很大程度上不是一个由客体化向主体化的认知过程,而是一个由主体化向客体化的实践过程。尽管创业及其各环节都反映着创业者的目标、意志、思想和情感,但其产生的科学、高效的创业成果却始终受到客观规律和创业实践的制约。所以,从本质上来说,创业过程并不是一个创业者主观随机的纯思维过程,而是创业者通过各种各样的创业中介来实现主观的行为发生过程。第三,任何创业活动最终都会形成某种结果,产生一定的创业效应。这样的创业效果,有可能与人们的期望和预期相符,也有可能与人们的预期不一致,不同的人肯定会对其作出不一样的评价,甚至观点截然相反。这表明,企业家精神的影响存在着主观上的差别。然而,人们对效果的评价是一回事,效果的实际存在状态是另外一回事,不会以人们的好恶而改变,这表明创业活动的结果也是一种客观存在。由此我们可以看到,无论是创业的基本要素,还是创业的真实过程,无论是创业的效果,还是人们对创业的艺术的运用,都反映出了创业的客观性。

其次,创业作为人类一种自觉的社会实践,还具有明确的目的性和周密的计划性。这里所说的目的,是指创业活动所要达到的目标;所说的计划,就是按照既定目标的需要以及现实中存在的各种可能性,作出决定,作出规划。正如已有研究表明,创业行为与人的直觉行为、潜意识行为有不同之处,创业行为往往是事先设置好目标与计划,即创业行为是有目的性与计划性的。但是,一般社会实践活动也有目的和计划,这就必须对二者的目的和计划进行比较。按照人们通常的理解,一般的社会实践活动在于人类改造客观世界或探索客观规律。而创业者对创业目的则看法不一,有所谓盈利说(认为创业目的在于赚钱盈利)、效率说(通过创业提高生产效率或工作效率)、功能放大说(通过创业谋求组织系统的最大功能或最佳效益)和社会效益或社会责任说。把实践活动的目标定位于改造客观世界,这当然是对的,但是,由于实践具有具体而多样的特点,每一种实践活动都有其特定的目标内涵,因此,这种观点就显得过于笼统了。但是,如果将创业的目标理解成是为了赚钱,或者是为了提升组织的工作效率等,这就与创业的真实目的并不完全一致了,也将创业目的与实践目的的统一关系给割断了。事实上,创业的目的与实践活动的目的是一致的,这种一致体现在两方面:一方面,各类创业项目是由实践的需求而产生的,而实践的目的在本质上又决定并限制着创业的目的,因此,不存在脱离某种实践目的的创业目的。脱离实践的目的而另设创业的目的,这种目的要么是不真实的,要么必然因背离它的对象的目的注定不能实现。另一方面，创业是一种特殊的经济、社会实践，它的首要任务就是要对实践活动进行定位，使其具有明确的目标。

再次，运用多种方法，统一创业组织成员的行为目标，并控制整个创业活动的实施过程，使创业活动的目标得以集中体现。脱离了创业的目的，参与实践活动的各个人的目的就不可能统一起来，整个实践活动就会因此而丧失自己的目的。可见，一般社会实践同创业这一特殊实践都有目的，都具有目的性，二者的目的是一致的。

最后，创业作为人类社会的特有形式，具有内聚性、协调性和有序性等特征。这里的内聚包含了两方面：一是创业的特殊性，这种特殊性的创业有其特定的活动客体和活动范围；二是如果创业的客体发生了错位，或者是无限制地扩展了创业的范围，那么必然会导致创业活动的无序，以及对创业失去控制。这就说明，创业是一种以一定对象为目标，并在一定范围内进行的活动。创业的内聚性，首先是指创业为其所起作用的实践活动确定了对象，并划分了范围，从而让实践系统与环境之间的内外界限变得清晰；其次，创业的内聚性还指创业对实践系统内组织成员的凝聚功能。所有的实践活动都是个体参与的集体行为，如果没有创业以不同的形式把他们联系起来，就不会形成社会"合力"，更不会产生实践。所谓协调性，指的是要达到创业的目的，就必须要对实践活动展开协调，它不仅包含组织成员在行动上的协调，还包含调整处理组织体系中各个成员之间的关系；既包含了对人和物、物和物等多种因素在实践过程进行合理的分配与适当的调整，也包含了对组织与环境之间复杂关系的正确处理，并保持二者之间的动态平衡。也就是说，协调是各种创业活动实现其预期目标的一种手段，以保证其所创业的实践按照既定的方向正常地进行。与无序、混乱和离散相比，有序是一种对事物的一种存在状态的描述。经济的繁荣、政治的稳定、思想的统一、秩序的有序都是社会制度的一部分。而经济不正常、政治不稳定、思想混乱，旧秩序被打破，就是社会混乱。各种社会实践的功能就是要打破已经过时的有序状态，并追求一种新的有序状态，所以，这就不可避免地要伴随着对旧秩序的各种破坏，从而造成各种失衡、震荡、分化、混乱等无序现象。为了克服这种无序，从而获得新的有序，创业者应该尽可能地减少在实践中所存在的盲动性和混乱性，从而让各种改造客观世界的活动能够有条不紊地进行，最终形成新的秩序。

四、创业的二重性

在对经济活动的考察中，我们不难看出，所有的经济创业都具有二重性；不只是为了创建公司而进行的创业具有二重性，就连社会创业也具有二重性。包括生产企业创业在内的一切企业创业的二重性，指的是创业与生产力和生产关系之间的相互关联，既反映了生产力的需要，又受到生产关系的限制，其中既有如何组织生产、进行分配和交换的技术性，也有如何达到创业者的生产目的，维持一定生产关系的社会性。以实现公益目的而开展的社会创业的二重性，是指社会创业的手段性和目的性。前者包括如何设置最佳的组织模型，有效地控制社会创业活动组织和人员的行为方式，提高工作效率；后者体现为社会组织的价值取向。

可见，任何创业都有二重性，即创业的自然性（技术性）和创业的社会性。自然性（技术性）包括创业的科学决策程序、计划的制订方法、合理的组织原则、有效的指挥艺术和严密的调控机制等；社会性指创业的各类社会属性，包括创业者的社会地位或所属阶级的阶级性，创业者的价值观念和价值取向、创业关系的社会性质以及创业所产生的社会意义。也就是说，创业是一种特殊的社会实践活动，虽然具有前文所述的各种特征，但最终都可以归结为上述两种基本特征。在这些因素中，技术上的创业是按照效率原则进行的，它体现出了创业活动的客观规律，体现出了创业的科学性和普遍性，这是它的固有性质；创业的社会性则与之不同，它遵循的是价值原则，体现了创业者的主观意愿和价值取向，是一种特殊的社会关系，是创业的社会本质。

创业二重性理论的提出，对于我们深入理解创业和正确对待创业具有重要的意义。

首先，创业的二重性意味着，创业并不是一种没有目的、没有计划的纯粹的情感行为，也不是一种纯粹的理性认知和思维行为，它是一种目的观念的对象化行为，它是一种具有主观与客观、目的与手段、观念与技术之间相互统一的特殊的实践行为。这就告诉人们，任何创业都是由两重基本属性共同规定的，缺一便不称其为创业。如果只看到创业某一方面的属性，就会对创业的本质作出错误的判断。

其次，创业的自然属性决定了创业虽然是一种有目的、有计划地组织和调控某种实践活动的人的一种主动行为，但是，人的目标计划必须与创业的实际情况相一致，不能与创业活动的运作规律相违背。任何一种高效的创业行为，都是创业者对创业现实的准确把握，并按照其自身的规律行事的结果。如果认为创业是创业者自己的一项活动，创业者可以随心所欲、任意妄为，那么就会将创业的客观自然性给抹杀，最终导致不能进行科学、高效的创业活动。

最后，创业的社会性意味着创业是一种由其他实践所决定，并反映了一定社会关系的特殊实践，它还具备了时代性、民族性、阶级性、社团性等特点，因此，不同类型的创业有着严格的界限，不能对其进行混淆，也不能对其进行机械照搬。

第二节 创业的基本类型与社会方位

现代社会是一个有机体，有着精细的劳动分工，并且有着较高的合作。随着时间的推移，社会分工越来越细化，各个分工体系间相互协作的需求就会越来越强烈，创业活动表现出了前所未有的复杂性和多样性，这也使得其系统性、综合性的问题变得更为突出。所以，要深入理解创业的性质与规律，就需要理解现代创业的几种基本形式以及它们之间的联系。

一、创业的基本类型

（一）现代创业类型的多维划分标准

由于现代社会是一个复杂的、有机的体系，创业也呈现出各种形态。而当人们从不同的角度来看待创业的时候，也就自然而然地出现了各种创业方式。

现在我们处在一个开放的社会，它的结构非常复杂。处在这个社会，若依照创业范围的广义和狭义做社会学上的划分，可将创业分为家庭创业、企业创业。在当代社会中，科学技术的进步使生产力得到了充分的发展。除了农业这一传统的创业领域，还存在着许多其他的领域，比如工业领域的创业，商业领域的创业等。

上面提到的各种创业分类，都从不同的角度或者不同的层面，向人们描绘出了创业在当今社会的复杂性和多样性，它们都有自己分类的根据和特定的意义。然而，需要注意的是，这些分类的着眼点要么是管理学的、要么是经济学的，它们之间还存在着一定的交叉重叠，缺少了必要的哲学概括和系统分析，这对我们从整体上把握现代创业的复杂结构不利。从哲学观点来看，创业是创业主体——社会的人和创业客体——人和物的互动过程。因此，要对现代创业进行更高层次的分类，首先应以创业主体的性质为依据，这是主位划分法；其次应以创业客体的性质为依据,这是客位划分法。主位划分法分析创业主体的创业意识和创业方式,侧重回答"谁来创业"和"按什么思维方式去创业";客位划分法分析创业客体的性质、结构和状态,侧重回答"干什么"。

在当代,要区分企业家的复杂性,就必须采用"客体分位法"。按照创业目标对象的性质,现代社会创业可分为两种基本形式:商业创业与社会创业。

(二)商业创业

所谓商业创业,它是一种面向社会经济活动的企业形态。它不仅包括对物质生产和经营活动中的人力人才、物质资本、能源信息和交通运输活动的控制,还包括对生产、分配、交换和消费活动的控制;不仅要协调人类生产生活与生态环境之间的动态平衡,还要合理地控制人类自己的生产,合理地利用人才。在古代自然经济条件下,家庭是社会物质生产和人口生产的基本单位,因而经济活动主要是在家庭内部以极其简单的形式进行的,创业空间较小。到商品经济高度发展的现代,家庭作为人口生产的基本单位仍被保留下来,而作为物质生产的基本单位则被破坏,日益被企业所代替。自近代企业产生以后,经济发展主要包括三个层次:一是企业,二是部门经济,三是国民经济。此外,同社会物质生产关系密切、直接影响社会经济活动的环境、人口、人才也应列入影响经济发展因素的范畴。

企业是一种专门从事商品生产、商品交换或服务,并进行自主经营和独立核算的经济单位,它产生于手工业时代,并在近代形成了一种普遍存在的经济形态。按照企业所从事的生产经营活动,企业可以分为工业企业、农业企业、商业企业、交通运输企业、金融企业、建筑企业、旅游和服务性企业等。

企业是我国市场经济的中流砥柱,具有商品性、营利性和经营自主性等特点。商品性质是指企业所从事的经济活动,其目的是交换劳动成果(或服务),这与自足的自然经济有很大的区别。赢利是一家公司为了自身的发展,需要通过营利来获取利润。如果没有营利或者没有计划营利,就不能称之为企业。企业必须拥有独立的或相对独立的自主经营、独立核算的权力,否则就无法保证其自身的目的实现,而成为非企业的其他组织。

商业创业作为人类的社会行为,有以下几个基本特征。

第一,社会性。创业是人们赖以生存的根本,也是所有财富的来源。社会的繁荣、国家的繁荣、物质的繁荣、精神的繁荣,都是因为人们不间断的创业活动。创业活动来自社会的需要，又适应于社会的需要，所以，所有的创业活动都要遵循社会的规范和规律进行实施。

第二，开拓性。从历史和社会的视角来看，创业具有持续性和永恒性；但对创业者而言，他们所创立的企业，却是一项全新的、从未出现过的企业。到现在为止，有一种创业是一种前所未有的，它是一种人类从未了解过的事业，在事业自身发展的过程中，一定要用创业活动的方式来获得结果，但是其他经营的过程仍然可以被其他行业所借鉴。而另外一种类型的创业，在人类已经有了试验和经历，并且有了较为广泛的试验，但对于创业者而言，它们仍然是一个新的领域，虽然可以借鉴、模仿、学习前人（甚至是国外）的成功经验和做法，但它们都需要从零开始。唯有不断地创新，取得突破、取得成功、方能取得新的成就。

第三，自主性。创业始终是一种独立的行动。创业中的创业者通常有处于逆境的，不满足于现状的，有进取精神的，有抱负的和有成功的欲望的。将来的事业是遵从自己的意愿选择的，从创业开始一直到创业的全过程，都需要独立自主，自力更生，依靠自己的能力来达到创业的目的，从而实现当家做主的理想。

第四，功利性。创业是一种功利的行为，是一种财富的创造和积累。创业是一项艰苦的工作，需要付出大量的精力和体力，并且要冒一定的风险。不管创业者以何种方法进行创业活动，其最终目的都是要积累财富。财富数量的多少也是一个很大的目标，可以用来衡量创业业绩是否达到目标，在市场经济中，即便是要实现其他的社会福利，也要以财富为手段。

商业创业是一种具有普遍意义的人类行为，尤其是在经济领域中。在不同的时代、不同的领域、不同的个体和群体中都存在着创业活动，这就导致了创业活动的类型多种多样。商业创业有如下基本类型。

根据创业产生的时代背景看，可以将创业分为两大类：传统创业和现代创业。这两类创业因其所处的社会环境不同，表现为创业的层次、特征和方式的巨大差异。

从创业的宏观环境看，创业有国内创业和国外创业两种类型。这两种创业反映了创业活动的广度。由于创业空间的反差，也就决定了它们在创业形式、内容及风格上的不同。

从创业的微观环境看，创业又有内部创业和外部创业两种类型。这两种创业类型反映了创业活动的深度。内部创业特指一个组织内部的一些集体创业活动，外部创业特指一个独立的社会组织的创业活动。

从创业的方式来看,创业可以分为四种类型:独立创业、合伙创业、家族创业、集团创业。这些类型反映了创业活动的性质、规模以及利益之间的关系。

根据创业活动的不同,创业可划分为初创型、再创型和持续型三类。初创型是生意刚开始的阶段;再创型是指企业经历了初创之后,为了实现初始目标,再次进行的创业活动;持续性创业是指企业在取得了一定的成就之后,继续开展的一种新的、持续的创业活动。

根据创业动机的不同,创业可分为自发性、自主性和自觉性三类。自发性创业往往是在生存环境的逼迫下、为了生存而进行的创业活动,是一种非常被动的创业行为。自主性创业是指为了适应环境的需要、争取发展而进行的一种创业活动,它的主动性较强;自觉性创业往往是为改造环境、造福社会的创业活动,是人对客观世界能动性的反映。

(三)社会创业

既然可以有以营利为目的的商业创业,那么是否有不以营利为目的的非营利性创业呢?随着时代的进步,社会创业、公益创业的概念越来越被国人所熟知。

社会创业(social entreprenurship),有时也被称为公益创业,是近年来在国际上逐步被赞成的一种崭新的创业理念,它是一种以实现企业价值和社会价值为目的的创业活动。社会创业既包含了非营利组织的创业活动,也包含了营利性组织履行社会责任的社会活动,更强调了个体与组织利用其所拥有的专业知识为社会创造更大的价值。

J. 格利高里·迪斯(J. Gregory Dees)从四方面来界定社会创业,分别是:选定一项使命来创造和体现社会价值(而不仅仅是私有价值);发现和不断寻找新的机会来实现这项使命;不断创新,调整学习过程;不受当前资源稀缺限制的大胆行动。[①]

浙江大学陈劲、王皓白对社会创业者定义如下,社会创业者是那些具有正确价值观,能够将伟大而具有前瞻性的愿景与现实问题相结合的创业者。他们对目标群体负有高度的责任感,并在社会、经济和政治等环境下持续通过社会创业来创造社会价值。他们在物质资源和制度资源稀缺的情况下,为了实现自己的社会

---

① Dees JG, Anderson BB. 2. For-Profit Social Ventures. 2003.

目标，不断发掘新机会，不断进行适应、学习和创新。[①]

从创业的角度看，社会创业者和企业创业者有很多相似点，但也有很多差异和不同。南开大学国际商学院王仕鑫、廖云贵就对社会创业者与企业创业者之间的差异进行了分析[②]，指出社会创业者与企业创业者具有许多共同特质。但社会创业者的活动及社会价值创造过程都和社会使命密切相关，因此具有区别于企业创业者的特征。主要表现为以下几方面。

第一，社会价值驱动。社会创业者具有一定的社会责任、肩负一定的使命并为社会创造价值。创业者在参与社会活动时，没有追求个人财富的动机，有较高的道德情操，有较强的自律能力。他们的自我实现方式是通过社会价值而非个体价值来实现的。创业者期望通过长期的努力来最终解决社会问题，为社会带来利益，从而在实现这一目标的过程中，得到巨大的满足与成就。当没有任何利益的驱使时，如何有效地创造出更多的社会价值，是创业者自我激励的一个重要驱动力。

第二，建立愿景能力。愿景是社会创业者自我激励的重要来源，建立适当的愿景是社会创业者实现自身使命的重要条件。社会问题一直是长期且复杂的，因此，社会创业者必须通过一次又一次的尝试来寻找社会问题的解决之道。在这一过程中，通过构建合适的愿景，并围绕愿景进行不懈的工作，可以有效克服社会与个体的各种诱惑，达到自我激励的目的。愿景同样也是一个社会型组织能够吸引到大批志愿者的一个重要保证。因为在社会型组织中，没有任何的利益驱动因素，而且社会价值也是一个很难被识别和归因的属性。所以，一个明确的愿景能够让志愿者们在社会创业过程中清楚地意识到自己的活动可能产生的社会价值，并最终能够解决社会问题的可能性，进而让志愿者和社会创业者为了实现共同的目标而继续努力。

第三，具有良好的信用网络。为了吸引、鼓励社会创业者去实现他们的梦想，社会创业者需要有很好的个人信誉与组织网络，才能获得他们所需要的多种资源。首先，社会创业者必须在自己所处的行业中具备较高的道德水准，具备较高的社会地位和声誉；这样可以帮助组织愿景得到别人的认可，也可以形成扩散

[①] 陈劲，王皓白. 社会创业与社会创业者的概念界定与研究视角探讨[J]. 外国经济与管理，2007，29(8)：6.

[②] 唐亚阳，卢紫捷，何飘文，等. 公益创业类社团的人才培养体系建设的研究[J]. 企业导报，2010(6)：2.

效应，使得成功的解决方法可以被别人所效仿，进而促进社会问题的最终解决。其次，社会企业家应该与政府、商业组织和个人等建立起广泛的联系，这样才能更好地从互联网上获得更多的资源，从而更好地为社会组织服务。

第四，联盟合作能力。由于社会问题的发生与解决牵涉到的领域较广，且需要大量的人力物力，仅依靠个人与组织的资源难以达成理想目标，而结成联盟则是一条重要的解决途径。社会创业者需要同政府机构建立合作关系以获取政府津贴和宣传支持，需要同企业建立联盟以获取财务方面的支持，需要同与自身愿景相关性强的社会型组织建立联盟以集中力量共同解决复杂问题，同时需要与媒体建立合作关系以提高公众对于社会问题的关注度并获得广泛支持。

虽然社会创业还没有一个学术界认可的统一的定义，但是，从社会创业的产生动因、内涵与特征、类别、影响因素、作用形式与机理等角度入手开展的社会创业研究却已经有许多成果。约翰逊（JOHNSON.S）认为社会创业是一种混合模式，从社会创业承担组织的性质来说，这种模式既包括营利组织的活动，也包括非营利组织的活动，以及与政府跨部门的合作。上述描述表明，社会创业有着多种承担主体和多种形式，既包括非营利企业实现可持续发展、完成社会使命、进行商业运作等活动，也包括营利企业和非营利性组织开展社会福利性质的商务活动，还可以包括营利企业基于提高企业形象、承担社会责任而开展的社会活动。[1] J.格雷戈里·迪斯（J.GREGORYDEES）提出，将社会创业和投资的经济回报分开来研究。他认为社会创业包含两个概念，一是利用变革的新方法解决社会问题并且为全社会创造效益，二是引用商业经营模式产生经济效益。[2] 斯坦福大学商学院创业研究中心认为，社会创业主要是采用创新方法解决社会焦点问题，采用传统的商业手段来创造社会价值（而不是个人价值），它既包括营利组织为充分利用资源解决社会问题而开展的创业活动，也包括非营利组织支持个体创立自己的小企业。[3] 加拿大社会创业研究中心提出，社会创业主要体现在两方面：首先，其营利部门注重社会参与，对优秀员工进行奖赏；其次，为了提升机构的效率和建立一个长远的、可持续的策略，社会创业家也鼓励公司从事一些非营利的行为。中国公益创业研究中心认为，社会创业指的是在社会使命的激励

---

[1] 王傅.社会创业的多维探析及管理创新[J].无锡商业职业技术学院学报，2014，14(5)：4.

[2] [美]J.格雷戈里·迪斯，[美]杰德·埃默森，[美]彼得·伊科诺米.企业型非营利组织[M].北京：北京大学出版社，2008.

[3] 王傅.社会创业的多维探析及管理创新[J].无锡商业职业技术学院学报，2014，14(5)：4.

下，个人、社会组织或者网络等追求创新、效率和社会效应，是一种面向社会需求、创建新的组织、向公众提供产品或者服务的社会活动。

尽管社会创业的概念尚未达到统一，但国内外社会创业的实践却呈现出一片欣欣向荣的景象。同时，与社会创业理念和工作内容相近的公益创业，也受到了广泛的关注。公益创业指的是在社会使命的激励下，个人或者社会组织对创新、效率和社会效果的追求，它是一种面向社会需要、建立新的组织并向公众提供产品或服务的社会活动，属于一项新兴的事业。其重点是建立非营利组织、兼顾社会福利事业、开展义工服务等三方面。社会创业的出现和发展可以归结为三个原因。

第一，20世纪80年代以来，随着西方发达国家新自由主义经济政策的实施，政府对非营利组织的直接投资、社会福利等方面的投入大幅减少，导致"市场失灵"，使得社会对非营利机构所提供的社会服务的需求与日俱增，从而使非营利机构得到了快速的发展。非营利组织所能提供的满足社会需求的资源十分有限，要想提高其运营效率、实现可持续发展、更好地为社会提供公益服务，就必须引进商业化运营和市场化手段，提高其自身效率。于是，"企业家""创业"等概念被引入到公益事业中，并由此产生了社会创业的理论与实践。

第二，随着经济的市场化与全球化，社会资源日益集中于私人机构，社会问题日趋严重，对公司提出了更高的要求，要求公司更加积极主动地应对各种社会问题。因此，企业应分担大部分社会责任和社会问题并对这些复杂的社会问题加以解决。在发展中国家，以政府为代表的公共资源供给很难完全满足社会需要的情况下，越来越多的民营企业和非营利组织联合起来开展公益创业，以期获得经济和社会的双重收益。

第三，商业和公益事业之间的界限正在消失。公益事业部门和商业部门结盟合作以实现在全社会范围内进行革新，增加福利，正在成为一个解决方案。不同类型的部门都有自己的资源与优势，通过相互协作，可以将这些资源与优势结合起来，从而提高为社会提供服务与创造社会价值的能力。

社会创业主要包含两方面的含义：一是公司必须加强其社会责任，这是公司创业活动的社会维度；二是非营利性组织，如非政府组织、公共服务机构和第三方部门，同样要采用商业化的运营模式来达到社会目标，即社会创业的创业维度。社会性与创业性是社会创业的本质属性。

社会创业的社会性特征体现在以下四方面。第一，目的和产出的社会性。社会创业者并非以营利为目的，而是以解决社会问题为目标。社会创业的宗旨在于推动卫生、福利事业发展，改善人民生活。第二，在社会创业中，其核心资本应该是社会资本。社会资本包括社会关系、人际网络、信任和合作等，它们为公司提供了物质资本和财务资本。第三，组织的社会性。社会创业组织是一种新型的公民社会组织，它不属于股东，其主要目的也不是追求利润。第四，社区性。社会创业往往具有一定的服务区域性，大多致力于改善作为社会创业基地的街区和社区的某项或某些事业。

社会创业的创业性特征主要体现在以下四方面。第一，机会识别能力。社会创业者擅长找出人们尚未实现的需要，并将其开发出来以实现他们的需要。第二，紧迫感、决心、雄心和领导天赋。对于社会创业者来说，他们的创业精神并非来自他们所拥有的利益，也并非来自他们所拥有的股份，而是来自一种使命感。第三，创新精神。社会创业者必须要进行创新与变革，开发新的服务项目，建立新的组织，以更大程度地满足社会的需要。第四，有经营活动。社会创业与传统非营利组织之间最大的差别就是它的资金来源。传统非营利组织主要靠募捐来维持，所以它的独立生存能力比较差。而社会创业可以做到自给自足，它的经营收入是它的主要资金来源，但是它也不能排除募捐。社会创业正在逐渐走出私人非营利领域，而大型民营企业也在与非营利机构合作，涉足教育、社会保险等领域，形成了一种融合社会需要与个人需要的社会性企业。

二、创业的社会价值

创业作为一种为达到创业目标而进行的特殊活动，其存在必然具有诸多无法衡量的社会价值。不过，要寻求和认识创业的社会价值绝非易事，还需要将它置于社会系统的大背景之下，分别探索它与经营管理、生产力、文化之间的复杂关系。

（一）创业和经营管理

在经济领域创业活动中，经营和管理是使用频率最高的两个词汇。然而，人们对经营与管理之间的关系却缺乏足够的关注，以致产生了一些观念上的错误认知。

首先，"经营"和"管理"混用的情况同汉语的使用习惯有关。在古汉语中，"经"含有通盘谋划或从长计议之意；"营"含有营造和操办之意。"经""营"合用，是指通过深思熟虑去参与某项事业,其意与我们现在所说的"管理"大致相当。所以,在日常用语中,很难对经营和管理做出明确的界定,经营、管理常常连用或相互代用也就不足为奇了。

其次,在西方学术界,"经营"和"管理"则是两个相关但含义不同的经济学范畴。亨利·法约尔(HENRI FAYOL)认为①,人们常常将经营和管理等同看待是很有害的,应当对二者进行区分。他指出:"所谓经营,就是努力确保六种固有职能的顺利运转,以便把事业拥有的资源变成最大的成果,从而导致事业实现它的目的。"所谓的管理,不过是营运的六项功能中的一项(科技功能、商务功能、金融功能、安保功能、会计功能、管理功能)。显然,"经营"一词在亨利·法约尔的定义中,是指商业(尤其是大型商业)的全部经济活动;"管理"在他的理解中,只是一种经济活动的一部分,它的功能主要是计划、组织、指挥、协调、控制等。

另外,西方还有一类理解,其代表有克里斯托弗·霍金森(CHRISTOPHER HODGKINSON)②和赫伯特·西蒙(HERBERT SIMON)③。霍金森在《领导哲学》中认为管理就是政策的制定,它包括"哲学""计划""政治"三个环节;经营则是政策的实施,它包括对人员的组织动员,对问题和效果的检查。换言之,在管理与经营之间,前者是更基本的,因为只有根据一定的理念制定政策,并制订特定的经营计划,才能被称为管理,而经营只不过是一种实施既定的政策计划的行为。西蒙同霍金森在对"管理"理解上有很多相似之处。在他们看来,管理与经营并不是一种关系,经营不能包括管理,它是一种思想和行为、计划和执行的关系,两者之间很难有明确的界限。

最后,本书认为,仅仅把管理理解为政策计划的制定等决策活动是极不全面的,因为管理绝不限于这类活动,还包括诸如组织、指挥、协调、控制等活动。同时,不应将经营和管理当作种属概念关系,不能笼统地说经营包含管理,而应将二者看成相互交叉的逻辑关系,具体分析它们之间的相互作用。应当明确规定,所谓经营,是专指现代企业的经济活动,而超出企业经济活动的范围,不得使用"经营"一词(如古代那样泛用)。在这样的情况下,也就是在企业经济活动中,企业管理就是企业经营的一部分,或者说经营包括管理。然而,我们也应该

---

① [法]亨利·法约尔. 工业管理与一般管理[M]. 成都:四川人民出版社:,201711.157.
② [英]霍金森. 领导哲学[M]刘林平,译. 昆明:云南人民出版社,1987.
③ [美]西蒙. 管理决策新科学[M]. 北京:中国社会科学出版社,1982.

认识到，管理并不是企业所独有，它也是一种具有普遍性的社会实践。因此，如果超出企业经济活动的范围，或者将企业置于社会大系统之中来观察，我们便会发现两类现象：其一，不是只有企业的经营活动需要管理即企业管理，企业之外的其他任何实践活动也需要管理，管理有其广泛的社会性；其二，企业的经营活动既需要企业内部的企业管理，还必须接受行业组织和国家的宏观管理。这两类现象说明，管理具有比经营更宽泛的适用范围，管理又包含经营。

管理和经营的上述复杂关系说明，在创业活动中，既不可能没有经营，也不可能缺少管理。在企业内部，创业者的企业管理必须纳入其经营的轨道，为整个企业的经营活动服务。管理和经营的关系处理得当，企业和组织的创业活动便会正常进行，整个社会的综合实力也会同时增强。

（二）创业和生产力

生产力指的是人类征服自然、改造自然的能力，是由劳动者、劳动对象和劳动资料三个基本要素按照一定的方式组成的一个动态的物质系统。历史唯物主义认为，物质资料的生产是人类社会赖以存在和发展的基本实践，而生产力是推动社会历史进步的最根本的动力。在这个社会的大系统中，生产力是最根本的，是决定一切的根本。一件事情的合理性，最终是要看它对生产力有没有促进作用。

那么，创业同生产力之间究竟是何关系？或者说，创业对生产力起着哪些作用？很明显，对上述问题的解答，不仅与对生产率的深入理解有关，而且与创业的社会价值密切相关。

首先，我们认为，经济领域中的创业活动是一种以追求经济利益为主要目的的特殊活动，作为社会生产力的一种内在要素，它对社会生产力的发展起着重要的作用。通观古今各种形式的生产力，我们可以发现：其一，生产什么，如何生产，是生产力产生的前提。然而，生产什么（生产目的）以及如何生产（生产计划），都不能被生产力中的其他因素所决定，而只能被生产的决策者所考虑。其二，现实的生产力无法自发地形成，劳动者和劳动对象如何按照一定的比例将它们组合并组织成现实的生产力，同样需要通过企业管理者（创业者）来实现。只有在创业者充分发挥其组织功能的情况下，生产率的各种基本元素才有可能形成一个能动的生产率系统，否则，缺乏组织或组织不善就谈不上现实的生产力或不能形成有效的生产力。其三，人与自然之间的矛盾是生产力所要解决的问题。很明显，这些冲突是无法自然而然得到解决的。而要解决这一问题，就必须要求企业从生产经营的角度来加以调节与控制。上述事实表明，创业者所从事的生产运营管理工作，虽不是生产力的实体要素，但始终是生产力的重要因素，创业者一旦设定了生产目标，并制订了生产计划，那么生产经营管理工作就变成了生产的决策规划因素。在创业者以规划目标为中心，将各种生产要素加以优化配置的情况下，生产经营管理就变成了生产力的组合要素；在现实的生产力变化中，企业的生产和运营工作成为生产力发展的方向。所以，可以说，创业者的一系列管理和决策工作，都是生产力的一部分。

其次，在创业管理与生产力的关系中，创业管理中的诸多生产要素对生产率产生了多方面的影响，同时生产力又从根本上决定和制约着创业管理，生产力对创业管理也具有多重作用。在古代的自然经济中，人们使用的是手工工具，生产力的社会化水平很低，这就导致那些生产大多是以经验为主的"家长式"管理方式，主要依靠习俗、经验和强制命令。但到了近现代，由于商品经济的高度发展，以及生产的社会化，创业管理的重要性不但越来越明显，而且创业管理的内容和方式也在逐步改变。在资本家的手工工场里，虽然同样使用的是手工工具，但是由于有了初步的技术分工，生产就不得不受到工场主的统一指导和控制，手工业工人已经开始失去了在家庭手工业和行会手工业时期所具有的独立性。当机器取代了人工，就产生了资本主义初期的工厂，劳动分工更加细致，合作更加紧密。同时，一方面工人被降低到简单操作某一机器的附属地位，另一方面，最早的全职生产管理人员也出现了，他们的管理开始变得过程化和专业化。此后，由于生产力的社会化程度不断提高，一方面，机械劳动的分工更加细化，生产过程中需要创业管理的环节也越来越多。另一方面，随着劳资关系日益紧张，对生产者的创业管理问题日益突出。单纯依靠原有的创业管理经验，以及对受雇员工的简单指令，已经无法有效地解决上述两大问题，这促使现代资本主义企业创业管理理论应运而生。到了现代，特别是在当代，在发达国家，传统产业已经被现代化的企业所取代。现在，生产具有国际性，因此也就产生了各种不同的管理方式。可见，并非创业者管理单方面对生产力起着促进作用，由于创业者的管理工作也受制于生产力，生产力对创业者管理也起着促进作用。对于创业者的管理工作与生产力的关系，人们较多注意到的是前者并将其归结为创业者的管理工作的滞后。事实上，造成初创企业经营落后的根本原因是企业生产力落后。

最后，让我们来具体分析一下创业管理的社会价值。如前所述，创业管理作为生产力的内在要素之一，起着计划、组织、指导生产的多重作用。因此，从抽象的意义上讲，创业管理具有不可估量的社会价值。尤其在当代，生产率的提高已经主要不取决于劳力、工时和资源的投入，而主要取决于创业者管理方式的改善。然而，从更深层次的角度来看，并不是所有的企业经营管理活动都能促进生产率，如果没有良好的经营管理，生产率也会受到损害。也就是说，创业者的管理工作并不能毫无条件地成为促进生产力发展的正面因素，反而可能成为阻碍生产力发展的负面因素。创业者的管理工作到底是对企业有利还是有害，是发挥积极的社会价值还是产生消极的负面价值，其关键不在创业管理本身，而在于创业管理者如何进行创业管理。

一般说来，创业者的管理工作对生产力沿着什么方向起作用可以通过以下几点来鉴别。第一，创业者所规定的生产目标是正确的还是错误的。在此问题中，创业者为生产目标确定了生产方向，包括企业的产品种类或服务项目，以及在一定的时间范围内，企业应完成的产品数量或服务的总数。所谓目标正确，指的是创业者所制定的目标有实现的可能性，能够将公司员工的工作热情发挥到最大限度，能够以最小的投资换来最大的利润。很明显，只有满足上述条件的创业者才能确定其生产目标的有效性；相反，若目标太高，缺乏可行性；或目标太低，缺乏挑战性，缺乏营利性，则一开始就把生产带偏了，不但不利于生产，还有害。第二，创业经营中各要素之间的相互配合与组合的合理性。根据生产目的的需要，对资源进行合理的分配，也就是对人力进行组织，这是生产经营管理的一项重要任务。而这种分配组合的合理性，与生产效率的高低有着直接联系。资源的分配与人力的组织，是一个很复杂的问题，它的根本要求就是人尽其才、物尽其用，使有限的人、物、财达到最优的生产模式与组织网络。从系统论的观点来看，一个系统的整体功能并非是各个元素功能的代数总和，而是一个比它更大或更小的一个代数总和。创业者通过合理配置资源和组织人员，从而使得他的生产总量比每个人单独工作时得到的要大。反之，如果创业者随意地分配资源、组织人员，就会导致物资、人力的浪费，这样不但无法使生产系统的效率最大化，而且还会比单独工作时的生产总量要小得多，对企业的生产也会产生负面影响。第三，创业者经营活动对其产品流程的规制是否得当。创业者对生产过程的调控包括以下内容：指导和引导创业管理人员对工人的行为、了解和督促生产情况、处理生产过程中的各种矛盾、调节组织成员之间的关系并激发他们的工作积极性等。在企业经营上，适度是指经营者对其员工的有效引导与指导；对公司运作情况的认识；能及时处理各类纠纷；有能力激发组织内的成员为公司作出更多的贡献，善于与员工解决利益矛盾，建立和强化团队精神，以此类推。反之，若创业者滥用权力，指挥不力，形象恶劣，无法引导员工自觉地为企业做事，或创业者不懂生产，或不理解生产，或因发生冲突而"绕道而行"，其结果只能是给生产带来混乱。

通过以上分析，我们可以对创业管理和生产力的关系做出如下归纳：第一，创业管理和生产力是两个内涵不同的概念。生产力是人类征服自然、改造自然的能力，创业管理则是创业者管理企业的特殊实践。把创业管理看作生产力的构成元素，把两者视为一种相互依存的关系，无疑是对创业管理认识的偏狭。第二，企业经营与生产力之间存在着紧密的联系，这体现在：无论何种类型的企业经营，最终都会受到某一特定的生产力水平的制约。从这一角度来看，生产力决定了企业的经营层次，企业经营模式的选择应与生产力需求相适应，与生产力发展状态相适应。第三，创业管理既可促进生产力的发展，也可阻碍、延缓以至破坏生产力的发展。如果创业者工作得当，创业管理形式适合生产力的发展水平，它就会促进生产力的发展，从而具有积极、肯定的社会价值。如果创业者在工作中出现了失误，或者出现了不适应生产力发展水平的创业管理方式，那么，就会对生产力造成伤害，产生负面社会价值。创业管理这两种不同性质的社会价值，反映了创业管理对生产力的两种反作用。对此，创业者应有清醒全面的认识。

（三）创业和文化

最近几年，我国创业界对文化问题表现出浓厚兴趣，"企业文化"受到学者和企业家的欢迎。但是问题也接踵而至：究竟什么是文化？文化同创业企业到底是什么关系？

1. 文化的定义

文化有广义和狭义之分。不同的是，"文化"同"创业"之间不具有直接的同一性，而是相互交叉的两个概念，彼此间的关系非常复杂。按照马克思的观点或对文化作广义理解，"文化"就是"人化"，即人的本质的对象化。马克思诠释了人比动物高的原因就是人不会坐以待毙，而会用行动来要求大自然。换句话说，人是人的奥秘在于，它并不像动物一样，被动地对周围的环境进行适应性调整，而是根据自己的需求，在实践中积极地对自然、对社会以及对自己进行改造，持续地创造出一个又一个适宜于人的生存与发展的人文环境。这个人文环境即是人的自由自觉本质的对象化，创造人文环境的活动过程也就是自然的"人化"过程或创造文化的过程。所以，广义文化是由人所创造的，或者带有人的意志烙印的东西，无论其种类、其组织、其制度、其意识形态都可归入文化的范畴。创业是一种特殊的、具有自主意识的行为，它反映了人的自由意识的本质。

除了以上所说的广义解释，文化还存在着两种狭义解释。一类是文化与社会的经济和政治相对而言的即代表观念形态的文化。观念形态的文化，指的是对一定的经济与政治有反映的精神产品或社会意识。观念形态的文化，不仅包含了组成上层建筑的各种社会意识形态，如宗教、道德、艺术、政治、法律、思想、哲学等，还包含了各种各样的科学技术。另一类专指文学艺术。此外，体育、杂技、卫生也应列入文化范围。很明显，作为一种观念系统或作为某种精神现象的狭义文化同作为一种特殊实践的创业是两个不同的概念。当我们在狭义上使用"文化"一词时，就不能再说创业是一种文化。

2. 创业和文化的关系

弄清了文化的两种概念，我们便有可能阐明创业和文化的关系。

创业作为广义文化的一种，对其他文化具有渗透性和能动性。这里所说的渗透性，是指凡是由创业者创造的文化成果，都渗透着创业者的理念。这里所说的能动性，是指创业者对企业和其他形式的创业组织所开展的活动所发挥的功能。创业之于广义文化，绝非可有可无。相反，凡涉及人们共同创造的文化成果，很多都是依靠创业者的努力而产生和实现的。进一步说，即便是个体创作出来的文化产物，也不能说与企业没有关系。与此相同，在我国目前进行的创业企业文化建设，是一种将创业者作为主体进行的一种创新活动，他人或社会必须对其进行充分的尊重，并尽可能地为其提供所需的条件。而在此基础上，要在"四项基本原则"的指导下，在国家法律法规的指导下，在社会主义文化体制的指导下不断完善。

3. 文化与创业的作用

文化对创业也起作用，创业也离不开文化。文化对创业的作用具体表现为以下几种类型。

第一，器物文化是创业不可或缺的物质条件。器物文化是指对人的精神的物化，它包含了各种各样的物质产物。显然，所有的创业都需要一物质上的帮助。尤其是现代创业，需要使用计算机、现代通信设备等先进的创业工具。

第二，制度文化决定着创业的根本性质。制度文化是指人类对社会进行改造而产生的一系列制度。的确，在一定程度上，创业活动也可以被看作一种组织体系的形成,从这个意义上讲,创业行为也是一种制度文化。但是制度文化要比创业活动更宽泛、更根本,一个社会或一个企业的制度,是由它当时的生产关系的性质决定的,并受到政治法律制度更具体、更严密的多重制约,也就是说,创业企业内部制度的确立,从根本上取决于当时生产关系(根本的经济制度)的性质和要求;而创业活动的进行又必然受其政治法律制度的保护或影响。

第三,在创业活动中,思想文化对企业或组织起到了一定的组织和控制作用。意识形态是一种以思想为基础的文化形态,它在社会上发挥着各种各样的功能。正如前面所提到的,创业的实质是建立一个目标一致的创业组织去实现创业者的目标。而人与人之间的追求、爱好、理想、目的等价值观却有差异甚至对立。如何把具有不同价值观的人们组织起来,并使之井然有序地工作?一个主要的方法就是运用一种意识形态去同化别的意识形态,以形成团体的凝聚力。如果做不到这一点,组织或将解体,或者虽未解体,但因思想分歧、内乱不已而名存实亡。这里的所谓控制是指各类意识形态对创业根本目的的定向控制,具体到创业活动而言,就是团体内部所形成的共同价值观念对组织行为的定向控制,通过对组织成员的思想控制达到行为的一致,其目的是保证组织目标的实现。

第四,传统文化对创业组织的影响和制约。传统文化是观念文化的一种,它通常被理解为历史文化的延续、传承或存留。传统文化因民族、地域而异,其性质有优劣之分;形式也多种多样,主要表现为风尚、习俗、思维定式、民族精神和传统的生活方式。从理论上说,既然文化对创业活动具有多种作用,那么沉淀于现实文化体系中的传统文化也必然对创业起作用。就实际情况来看,传统文化对创业活动的作用体现在以下几方面:首先,传统文化中所包含的民族精神是一种在长期的文化演变中被保留和传承下来的精神财富,它具有强大而持久的凝聚力。创业者如果注重弘扬国家精神,就能增强团队意识,激发员工的工作积极性。相反,如果以为民族精神与创业无缘,创业组织在遇到困难时,就可能引发混乱。其次,从历史的角度来看,传统文化存在着一个巨大而又隐蔽的心理惰性,这一点是可以肯定的。这种思维惯性,在无意识的情况下,已经以不同的方式支配着人们的精神生活,并在某种程度上形成一种固定的思维模式。显而易见,由于创业者常常面对的直接对象是活着的、有思维意识的人,因此,创业者不可避免地会面对并可能与某种思维方式产生冲突。所以,有远见的创业者就应该了解、利用,甚至想尽一切办法去改变组织成员的思维定式,这样才能称得上是知人善用。如果无视组织成员的思维方式,或者利用权力强制他们按创业者的想法去做，就会造成上下级之间的心理矛盾，进而妨碍信息的传递和反馈，影响到创业活动的顺利开展。最后，传统文化是一种历史文化在现实生活中的积累，它也是一种特定区域或特定国家人民共同的风俗习惯和生活方式。对于创业者来说，理解并直面这些习俗和生活方式也是非常重要的。例如，企业在对市场需求进行预测、确定生产目标的时候，除了要对原料、技术、成本、利润等情况进行考虑之外，还必须对消费者的生活习惯和生活方式进行了解。如果没有理解他们的生活需求，那么规划将是盲目的，运营将是冒险的。又如在创业时，还必须了解组织成员的习俗、信仰和风尚，以便因势利导。如果不能很好地理解这些人的生活方式、习俗，很有可能会引起企业家与雇员的矛盾。

总之，文化同创业之间是既对立又统一的辩证关系。一方面，文化离不开创业，创业渗透于各类文化之中并影响、制约着文化。创业组织的性质、形式和水平从一个特定的侧面折射着文化的性质和水平的高低，反映了人类社会的文明程度。另一方面，创业又离不开文化，各类文化也渗透于创业活动之中，并影响、制约着创业组织的发展。文化同创业的关系既然如此密切，就要求创业者勿忘组织文化建设。

第三节　创业的动机与动力

创业动机是创业行为背后的驱动力，促使具有创业能力和创业条件的个体进行创业，是区分创业者和非创业者的重要区别。

一、创业动机

在人类历史上，创业动机的差异是巨大的。心理学研究表明：需要产生动机，动机导致行为。人们的创业冲动是在各种需要的刺激下产生的，需要是产生创业的直接原因。因此，要分析创业的动机，就要首先探讨人类的需求。

（一）人类的需要特征分析

需要是人的行为的动力基础和来源，它是人脑对生理和社会需求的反映（人们对社会生活中各种事物所提出的要求在大脑中的一种反映）。心理学家还将促使人做出不同行动的愿望称作需要。

人类在社会生活中，为了生存与繁衍，在很早就产生了原始的需求。人为了生存，就要满足自己的生理需要，如饥饿时要有吃的、寒冷时要有穿的、疲惫时要有睡的。想要延续血脉，就必须要恋爱、结婚。人类要想生存与发展，就必须要有一定的社会需要，比如，通过劳动，创造财富，提高生活水平；人与人互动时，进行信息的传递、情感的传递和合作。人的这种身体上的需要与社交上的需要，在个人的意识中被反映出来，就构成了需要。在社会生活不断发展的过程中，人们逐渐产生了一种更高层次的物质需求和精神需求。人既有生理上的需要，也有社会上的需要，既然有，就必须去追求、去争取、去努力。

人类的需要有下列表现形式：第一，任何需要都有明确的对象，或者是一种对某种事物的追求、逃避、停止某种行为的观念。第二，一般需求具有周期性、循环性；较为复杂的需求虽无周期性，但只要条件适宜，还是可以反复出现的。第三，人类需要是伴随着历史和社会的发展而不断演变的，由低级向高级、由简单向复杂、由物质向精神、由单一向多元。

此外，人的需要又表现为以下特征。

第一，目的性。人类的需求并不是毫无意义的，它具有明确的目的和对象，并伴随着需求的对象的扩大而发展。人类需求的客体不仅有衣食住行等物质需求，也有信仰、文化、艺术、体育等精神需求；不仅包括一个人的生活与活动，如一个人每天的物质与精神活动，还包括对社会生活与活动的参与及其产生的结果，如通过互相合作，产生的物质上的成果；以人与人之间的交流、互动，带来的快乐与满足；既有想要追求某一事物或开始某一活动的意念，也有想要避开某一事物或停止某一活动的意念，这些意念的产生都是由个人需要及其变化决定的。各种需求的差别，正是因为需求的客体不同。但是，人们的物质需求和精神需求都需要某种外在的物质条件来满足。例如，人们居住需要一间房，出行需要一辆汽车，休息需要一处场所等。

第二，阶段性。人类的需求随着时代的不同而发展和变化。也就是说，每个人在成长过程中，都会有自己的需求。例如，婴儿的需求主要是生理需求，也就是饿了需要吃、渴了需要喝、困了需要睡；少年时期，产生对知识的需求、对安全感的需求；青年时期，会有恋爱和结婚的需要；到了成年阶段，则发展到对名望、地位和尊敬的需求。

第三，对社会的制约。人类除了天生的生理需求外，还能通过社会实践、文化教育等途径，产生更多的社会需求。这种需要既有时代的原因，也有历史的原因，更有阶级的原因。过去经济落后，人民生活水平低下，人民的需求仅仅是吃饱穿暖；随着经济的发展，人们的生活水平越来越高，人们不仅追求物质生活的丰富，还追求更高的精神生活。阶级性质不同，人们的需求也各不相同；资产阶级追求的是不劳而获，坐享其成；劳动阶级要求自由、民主、要求吃饱穿暖、要求消除剥削。不难看出，人类的需求既有社会性，也具有制约性，是历史的，也是阶级的。

第四，独特性。人类的需求具有共同性和特殊性。由于其生理、遗传、环境和条件的影响，其特征也各不相同。不同年龄、不同身体状况、不同社会地位、不同经济状况的个人，都会产生不同的需求。

需要在人的个性发展中起着重要作用，它是人的心理活动与行为的基本动力。

人只要在物质和精神方面有了需求，才会对行动产生积极性，这也正是个体所需要的，也正是如此才能促使和推动人们完成这项或者那项的任务。

人的各种需要去促使人们追求各种目标，并进行积极的活动去实现这些目标，以满足需要。人对某一方面事物的需要越强烈，其积极性就越高，动力就越大。因此，需要总是带有动力性、积极性的，而且需要的水平也总是在不断提高的。

需要总是在不断地更新、不断地增加，需要又总是推动人们去不断地努力、不断地奋斗。

需求在人的心理活动中也起着重要作用。需求是人类认识过程的内部动力。为了满足需求，个人必须经过认识过程处理一定的问题，完成一定的任务。需求在人的个性心理活动中常常又以情绪表现出来。但凡可以满足人需求的事物，则产生肯定的情绪；但凡不可以满足人的需求的事物，则产生否认的情绪。情绪是反映人的需求能否满足的标志，与人的需求毫无关系的事物则不会惹起人们的情绪和留意。需求对人的意志的构成和开展也起着积极的推进作用。个人物质、精神方面、社会的需求，会促使人们为了满足这种需求和顺应这种需求持之以恒地努力，并在这一过程中构成本人的意志和决心。

（二）从马斯洛需要层次理论分析创业者的创业动机

美国著名社会心理学家、人格理论家和比较心理学家亚伯拉罕·马斯洛（MASLOW. A. H.）提出了需要层次理论，该理论的五个层次刚好是人类创业的五种基本动因。亚伯拉罕·马斯洛认为，人类的需要是分层次的，它们由低到高是生理需求、安全需求、社交需求、尊重需求、自我实现需求。[①]

生理需求是人的基本需求，如食、衣、居、养等。如果达不到基本的生存条件，就会有性命之忧。换句话说，这是一种最强烈的、无可避免的、最低层次的需求，这种需求会以强大动力驱使人采取行动。很明显，这是一种对自身、对自我族群的保护，也是人们赖以生存的基本需求。人有多重需求，如缺少食物、安全感和爱情，其中食物紧缺的饥饿感最为强烈。这就意味着，如果一个人受基本的生理需求所限，那么其他的需要就会被推后。

安全需求包括劳动安全、职业安全、生活安定、希望免遭灾害和未来有保障等，具体体现为：①物质需求，如作业安全、劳动保护、卫生保健等；②经济上的，如失业、意外事故、退休金等；③心理上的，能够摆脱严厉监管，受公平对待，能够胜任并自信地工作。安全需求高于生理需求，当生理需求得到满足以后就要保障安全需求。每个人都有一种想要的安全感，想要自由，想要防御的力量。

社交需求又被称为归属与爱的需求，它是一个个体对家庭、团体、朋友和同事的关怀、爱护和理解的需要，它是一种对友情、信任、温暖和爱情的需要。相对于生理需求而言，社交需求更为微妙，也更不易掌握。它包括社交欲和归属感。希望和同事保持友谊与忠诚的伙伴关系，希望得到互爱等；归属感是想要一个归宿，想要加入一个群体，在自己遇到麻烦的时候可以相互帮助，想要和熟悉的朋友说说心里话，发表意见，或者说些抱怨。但是，爱并不只是男女之间的爱，它更广泛地表现在彼此之间的信任、深刻的理解和相互的付出上，它既包含了付出，也包含了接受。社交需求与个人性格、经历、生活区域、民族、生活习惯等都有关系，这种需要是难以察悟、无法度量的。

尊重需求可以分为三种类型，即自尊、他尊和对权力的渴望，具体为对自我的尊重、对自我的评价、对他人的尊重。需要与自尊有关，它包含了自尊、信心、独立性、知识、成就、能力等。尊重的需要包括：①渴望实力、成就、适应能力、自信和对独立和自由的渴望；②渴望名誉与声望。声望是来自别人的尊重、受人赏识、注意或欣赏。满足自我尊重的需要导致自信、价值与能力体验、力量及适应性增强等多方面的感觉，而阻挠这些需要将产生自卑感、虚弱感和无

---

① [美]马斯洛.动机与人格[M]许金声,译.北京：华夏出版社，1987.

能感。基于这种需要，人们愿意把工作做得更好，希望受到别人重视，借以自我炫耀，指望有成长的机会、有出头的可能。显然，尊重的需要很少能够得到完全的满足，但基本上的满足就可产生推动力。这种需要一旦成为推动力，就将会令人具有持久的干劲。

自我实现需求与人类的其他需求相比而言是等级最高的需求。要满足这一需求，就必须按照自己的能力实事求是做事，把自己的潜能发挥到最大。那些渴望实现自我价值的人，会不遗余力地追求完美。实现自我价值是指充分地、积极地、忘我地、全身心地去奋斗。成就感不同于成长的渴望，是一种对理想的追求，往往会废寝忘食，把工作当成一种创新活动，希望可以帮别人解决某些关键问题，从而实现自己的目标。

在亚伯拉罕·马斯洛看来，人类价值体系存在两类不同的需要：一种是本能或者冲动，它们沿生物谱系上升方向逐渐变弱的本能或冲动，被称作较低层次的需求和身体需求；一种是潜在能力需求，随着生物的演化，这些需求被称作更高层次的需求。人类都存在着五个层次的需求，只是在不同的时间，这些需求的紧迫性有差异。人的最迫切的需要才是激励人行动的主要原因和动力。人的需要是从外部得来的满足逐渐向内在得到的满足转化。

在较高水平的需要得到充分体现前，较低水平的要求必须得到适当的处理。如果较低水平的要求得到了很大程度上的满足，那么它的动力作用将会逐渐消失，它的优势将不复存在，而较高水平的要求将会取代它，并成为推动它的主要动力。有的需要一经满足，便不能成为激发人们行为的起因，于是便被其他需要取而代之。

上述这五项需求是不能全部满足的，而且越往上所占比例越小。任何一种需求都不会由于某一个较高水平需求的发展而消失，各个层次的需求都是相互依存和重叠的，在较高水平的需要发展之后，较低水平的需要依然存在，只不过它对行为的影响的比例降低了。较高水平的需要比较低水平的需要具有更高的价值。人的较高水平的需要即自我实现就是以最有效和最完整的方式表现自己的潜力，只有这样，才能使人得到高峰体验。

人类的五个基本需求常常不为普通人所注意。对于一个人来说，无意识的动机比有意识的动机更重要。有经验的人可以通过正确的方式把无意识的需要变为有意识的需要。马斯洛也相信，人类在创造的自我认识的过程中，会出现一种"高峰体验"的情绪，这是人类最激动的时刻，也是人类生存的最高、最圆满、最和谐的一种状态,此时的人类有一种狂喜、陶醉、心醉神迷的感觉。

根据亚伯拉罕·马斯洛的需求层次理论,创业者的创业动机可以概括为争取生存的需要、谋求发展的需要、获得独立的需要、赢得尊重的需要、实现自我价值的需要。

二、创业的原始动力——需要

历史唯物主义告诉我们,社会的基本矛盾是生产力和生产关系、经济基础和上层建筑的矛盾,它是推动社会发展的根本动力。在创业的动力问题上,我们也坚持这一点。但是人们往往忽视的是马克思提到的根本动力背后的动力。人们为什么要生产?人们为什么要交往?人们为什么还要创造精神产品呢?因为人有需要和新的需要,需要是人类各种实践活动和社会基本矛盾背后的原始动力。

需要在这里指的是人的需要。人的需要和动物的需要有本质区别。"用实践来创造对象世界,对无机界进行改造,证明了人是有意识的类存在物,也就是说这样一种存在物,它把类当作自己的本质,或说把自身当作类存在物。诚然,动物也生产。……但是动物只生产它自己或它的幼仔所直接需要的东西;动物的生产是片面的,而人的生产是全面的;动物只是在直接的肉体需要的支配下生产,而人甚至不受肉体需要的影响也进行生产,并且只有不受这种需要的影响才进行真正的生产;动物只生产自身,而人再生产整个自然界;动物的产品直接属于它的肉体,而人则自由地面对自己的产品;动物只是按照它所属的那个种的尺度和需要来构造,而人懂得按照任何一个种的尺度来进行生产,并且懂得处处都把内在的尺度运用于对象;因此,人也按照美的规律来构造。"[1]这表明,人类的需要与动物的直接需要、片面需要以及肉体需要不同,人类的需要是一个多层次的、全面的、立体的有机整体。除直接需求外,还存在间接需求;除身体需求外,还存在其他的物质需求、交往需求和精神需求;在必需品的基础上,也有奢侈品的需求。这些需求的满足是依靠自然而来的,但却不是直接从自然获取。人的需求特征决定了人的超越性生存模式,人的生存需要是通过物质生产、交流和精神生产来获得的,是人的生存状态。需要是人们发挥能动性的源泉,是人们创造活动的根据。正是在这个意义上,我们说需要是创业活动的原始动力。

在研究创业活动动力的过程中,我们必须坚持历史唯物主义的原则。马克思

---

[1] [德]马克思.1844年经济学哲学手稿[M].北京:人民出版社,2006.

关于历史唯物主义的第一个规定就是："我们首先应当确定一切人类生存的第一个前提，也就是一切历史的第一个前提，这个前提是：人们为了能够'创造历史'，必须能够生活。但是为了生活，首先就需要吃喝住穿以及其他一些东西。因此第一个历史活动就是生产满足这些需要的资料，即生产物质生活本身。"①人类的需要正是在这个基本需要的基础上发展起来的，包括创业活动在内的各种实践活动也是在满足人类第一个前提的生产实践的基础上丰富起来的。

需要作为创业活动的原始动力主要表现在两方面。一方面，人的需要是最贴近主观能动的客观现实，它在起点触发了人的整个创造性的活动过程。需要是人的内部客观存在的一种缺乏和不平衡状态。它不但体现了人的存在和发展对于客观世界的依赖，而且表达了人的超越性的生存方式。需要和人的主观世界关系密切，一旦产生就会激发人的欲望。这说明需要是客观存在的，它最贴近人的意识世界，充满了主观能动的色彩。需要作为客观现实，一旦产生就会在第一时间转化为主体的欲望。欲望作为主体能动性的催化剂，其在主体的意识世界中的萌芽，将所有的理性与非理性的精神要素都调动起来，将需要转化为主体自觉的价值目标。自觉的价值目标是对现实的超越，它与客观世界之间不可避免地存在着冲突，也就是客观世界不能直接满足人的需求。要解决这一矛盾，就要让客体满足主体的需求，就必须充分发挥人的主观能动性，对客观规律有充分的认识和运用，将纯粹的客观世界变成人化的客观世界。这个过程的实现在现代社会很多情况下是依靠创业活动来完成的。创业活动为人类提供了新的物质工具和生产方法，使原来人们利用过的资源能够更好地满足人们的需要，使原来人们无法利用的资源成为人们可以控制的物质产品；创业活动通过协调组织内部人与人之间的关系，提高人们的生产效率，为人类提供更多的产品。

另一方面，人的需要和人的本质的一致，决定了需要是人类创业活动内在的必然的推动力量。马克思在《詹姆斯·穆勒〈政治经济学原理〉一书摘要》②中曾说："人的本质是人的真正的社会联系，所以人在积极实现自己本质的过程中创造、生产人的社会联系、社会本质，而社会本质不是一种同单个人相对立的抽象的一般的力量，而是每一个单个人的本质，是他自己的活动，他自己的生活，他自己的享受，他自己的财富。因此，上面提到的真正的社会联系并不是由反思产

---

① [德]马克思，[德]恩格斯. 马克思恩格斯选集(第1卷)[M]. 北京：人民出版社，2012.
② [德]马克思，[德]恩格斯. 马克思恩格斯选集(第1卷)[M]. 北京：人民出版社，2012

生的，它是由于有了个人的需要和利己主义才出现的，也就是个人在积极实现其存在时的直接产物。""这些个人是怎样的，这种社会联系本身就是怎样的。"[①]这说明，人的本质，如马克思在《关于费尔巴哈的提纲》[②]中提到的，人的本质在其现实性上是一切社会关系的总和，人们之间的社会关系又是人们在生产、交往、精神生产等各种现实的实践活动中形成的，而人的各种实践活动不过是为了满足人的需要，它们是每个人需要的展开、交融和结合。因此，人的需要和人的本质具有一致性，人们在实践中满足自己需要的过程，就是人的本质实现的过程。人的本质的生成、人的新的需要的满足和创业活动是同一个过程，需要作为人类创业活动的动力具有内在必然性。

需要作为创业活动的原始动力，它的特点决定了创业活动的基本面貌。首先，需要鲜明的主观能动性决定了创业活动浓重的主观色彩。创业活动是人类实现超越的方式，它是现实的，也是观念的，观念的超越先于现实的超越。人的意识并不是客观世界的镜子，虽然它的信息来自客观世界，但是它在被需要激发开始自身活动的时候起，它就已经开始利用所有的精神要素，构建出一张超越的蓝图。人们随后对这张蓝图的运用，就是人的本质力量的实现，处处体现主观能动性的作用。技术和制度资源的选择、调整、建设等都是在需要和需要所激发的主观能动性的引导下完成的。

需要的无限超越性决定了人类创业活动的无限发展。需要的社会性推动一般制度创业活动和制度革命。马克思在《论犹太人问题》[③]一文中说："把人和社会联结起来的唯一纽带是天然必然性，是需要和私人利益，是对他们财产和利己主义个人的保护。"人为了满足自己的需要就要生产，而无论是物质生产还是精神生产，都不是孤立的个人的生产，而是社会性的生产，也就是说，一切生产都是一定生产关系中的生产。需要也不是抽象的需要，而是一定社会关系中的需要，它联结着人与人、人与社会。

人的需要是一个历史范畴，需要总是一定历史阶段、一定社会关系中的需要。需要具有无限超越的性质，人类原始需求被满足后，又出现了新的需求。新的需求无法在自然中立即得到满足，便被重新召唤出来，然后又产生新的需要、新的活动。可以说，整个人类历史，就是人们不断地实践、不断地满足需要、不

---

① [德]马克思，[德]恩格斯. 马克思恩格斯选集(第1卷)[M]. 北京：人民出版社，2012.
② [德]马克思，[德]恩格斯. 马克思恩格斯选集(第1卷)[M]. 北京：人民出版社，2012.
③ [德]马克思，等. 马克思恩格斯全集(第1卷)[M]. 北京：人民出版社，1960：439.

断地通过创业等一系列实践活动满足人的新的需要的过程。在工业社会,资本追求剩余价值的本性促使资本家在创业活动中不断开发人的需要潜力,被激发的新的需要又促使人类开始新一轮的实践活动。马克思说:"以资本为基础的生产,……创造出一个普遍利用自然属性和人的属性的体系,创造出一个普遍有用性的体系,甚至科学也同一切物质的和精神的属性一样,表现为这个普遍有用性体系的体现者,而且再也没有什么东西在这个社会生产和交换的范围之外表现为自在的更高的东西,表现为自认为的合理的东西。"[①]人类在物的控制下,为了满足自身的需要,创业者利用可以利用的一切,不仅包括以机器为核心的技术,而且包括分工和协作;不仅包括企业制度,而且包括国家体制;不仅包括制度前提,而且包括科学和一切精神产品。即将到来的知识经济社会是人类的当代需要在更高的层次上与客观世界的碰撞。原有的工业生产方式对自然资源的掠夺已经造成常规资源的短缺,人类的生存环境受到威胁,不但无法满足人类发展的需要,而且与人类已有的需要背道而驰。人类创业活动的方式必须发生改变。在这个时代问题面前,人类的回答是,只有依靠知识的强大创造力,才能解决这个矛盾,满足人类新的需要。

需要的全面性决定创业活动的全面展开和人的全面发展的价值目标的确立。人类的需要不仅是无限发展的,而且是全面的,其包含两层意思:一是指需要涉及的领域是全面的,不仅有物质需要,而且有精神需要和交往需要;二是指需要在各个领域内的展开也是全面的。需要的不断全面化,必然要求实现需要的手段的不断全面化。它推动着创业活动在物质生产领域、交往领域和精神生产领域的全面展开。

需要的全面性也催发了人的全面发展的价值目标的确立。马克思在《1844年经济学哲学手稿》中曾说:全面发展的人"同时就是需要有完整的人的生命表现的人,在这样的人的身上,他自己的实现表现为内在的必然性、表现为需要"。[②]这说明,人的自由、全面发展并非来自外部的恩赐,它是人自身发展的必然要求。人的需求是人发展的一种表征,它的内容在不断地丰富,水平在不断地提升,它是人向全面地、自由地发展的一个标志。人能够全面发展、实现价值目标,都必须在以全面确立和需要的基础上得以实现。需要是人的本质的体现,是

---

① [德]马克思,[德]恩格斯. 马克思恩格斯全集(第46卷上)[M]. 北京:人民出版社,2012.
② [德]马克思,[德]恩格斯. 马克思恩格斯全集(第46卷上)[M]. 北京:人民出版社,2012.

人的内部的一种不平衡状态，也是人对外部环境的依靠和追求，它总是处于主观欲望和客观现实的矛盾之中。矛盾在未得到解决之前，表现为匮乏；在解决之后，表现为超越。需要就是在匮乏和超越之间的一种不平衡状态。人的一切创业活动都以需要作为原因和根据，需要是创业活动的原始动力。

三、创业的直接动力——利益

需要和利益是经常同时出现的两个概念，具有密切的关系。它们都体现了主体与客观世界的对立统一关系，具有相似的结构，都是人类创造活动的原因。但是，两者又有不同，这种不同体现在两点：第一，需要体现的是人类对客观需求对象的直观欲望，而兴趣则是人类对其更高层次的理性关怀、兴趣或认识；第二，需要体现了人对客体的直接依赖性，而利益则体现了人与客体的社会关系。由此可以看出，在人与客观世界的对立统一关系中，需要和利益都是客观存在的，它们之间存在着对应的关系。但需要只是一个出发点，它表现为人对客观需求对象的直接欲求和依赖关系，表现为一种间接可能性。而利益属于一个结果，它是以人的实践理性和实践活动及其成果为依据的需要的满足，具体体现为人们对于物质生活条件和精神财富的分配关系，它具有直接的现实性。因此，我们说需要是创业活动的原始动力，而利益是创业活动的直接动力。

诚然，人们会因为理想和爱好而从事创业活动，但是由于创业活动的艰辛性和风险性，大多数的创业活动是在利益的驱使下完成的，利益是"人民生活中最敏感的神经"，追求利益是人类一切社会活动的直接动因。那么，什么是利益呢？赵家祥[1]把利益的构成归结为三方面：需要是形成利益的自然前提，社会关系是构成利益的社会基础，社会实践活动及其成果是构成利益的手段和资源。并在此基础上，归纳了利益的实质。"利益的实质是需要主体以一定的社会关系为中介，以社会实践为手段，占有和消费需要对象，从而使需要主体和需要对象的矛盾状态得到克服，即需要的满足。这时，需要主体就转化为利益主体，即利益的承受者。从利益的抽象意义看，它的实质就是需要的满足。但从利益的现实性和具体实现来看，其实质必然是一定的社会关系的体现。"[2]王伟光[3]也认为："所谓利益，就是一定的客观需要对象在满足主体需要时，在需要主体之间进行分配时所

---

[1] 赵家祥. 马克思主义哲学研究应关注的几个重大问题[J]. 理论视野, 2007, 87(005): 20—23.
[2] [英]戴维·米勒. 社会正义原则[M]. 南京: 江苏人民出版社, 2008.
[3] 王伟光. 利益论[M]. 北京: 中国社会科学出版社, 2010.

形成的一定性质的社会关系的形式。"由此可以看出，利益是一种需要的满足，是一种需要的社会化，它不仅依赖于客观现实，而且伴随着人类社会的发展变化，还表现出了历史性，是现实性与历史性的结合。利益是一个实际范畴，它的基本含义是宽泛的，它包含了生产力与物质生活条件、交流关系，精神生产与精神财富；利益是一个历史的范畴，它是一种存在于一定生产力和一定性质的社会关系中的利益。利益对创业活动的推进作用，在现实与历史性的统一中表现出来，这是一个辩证发展的过程，在不同的历史阶段，利益的内容、格局和特点都会直接影响到创业活动的面貌和特点。

在资本主义社会，随着生产力的发展，人们追求利益的方式发生了转变，人们在基于物的平等关系下，通过财富最大化的方式，展开了对于经济利益的直接追求。马克思对此描述说："利益被提升为人的统治者。利益霸占了新创造出来的各种工业力量并利用它们来为自己服务；由于私有制作祟，这些本应属于全人类的力量便为少数富有的资本家所独占，成为他们奴役群众的工具。商业吞并了工业，因而变得无所不能，变成了人类的纽带；人与人之间的一切关系（个人的或国家的），都被归结为商业关系，或者换句话说，财产、物成了世界的统治者。"[①]"正如古代国家的自然基础是奴隶制一样，现代国家的自然基础是市民社会以及市民社会中的人，即仅仅通过私人利益和无意识的自然的必要性这一纽带同别人发生关系的独立的人，即自己营业的奴隶，自己以及别人的私欲的奴隶。"[②]"实际需要、利己主义就是市民社会的原则；只要政治国家从市民社会内部彻底产生出来，这个原则就赤裸裸地显现出来。实际需要和自私自利的神就是钱。"[③]资本主义已经扯下古代社会温情脉脉的面纱，在自己的宪法中清晰地写下了"私有财产神圣不可侵犯"。物与物的关系掩盖了人与人之间的关系，人们的一切行为都是在私欲和利益的驱使下的活动，人们成了自己利益的奴隶。资本的饕餮本性使其不断追求剩余价值的最大化，创业活动成为资本扩张的力量。

马克思在《资本论》及其手稿中有很多关于资本逻辑的论述。他指出，资本利用所有手段的目的，也是唯一的目的，就是为了满足资本的本性，为了创造剩余价值。"如果说以资本为基础的生产，一方面创造出一个普通的劳动体系，即剩余劳动，创造价值的劳动，——那么，另一方面又创造出一个普遍利用自然属性

---

① ［德］马克思，［德］恩格斯. 马克思恩格斯全集（第1卷）[M]. 北京：人民出版社，2012.
② ［德］马克思，［德］恩格斯. 马克思恩格斯全集（第2卷）[M]. 北京：人民出版社，2012.
③ ［德］马克思，［德］恩格斯. 马克思恩格斯全集（第1卷）[M]. 北京：人民出版社，2012.

和人的属性的体系，创造出一个普遍有用性的体系，甚至科学也同人的一切物质的和精神的属性一样，表现为这个普遍有用性体系的体现者，而且再也没有什么东西在这个社会生产和交换的范围之外表现为自在的更高的东西，表现为自认为的合理的东西。"①也就是说，资本为了自身利益的需要利用一切东西，同样，资本为了生产剩余价值的需要也利用科学，利用新知识、新技术和新制度。资本主义对于利益的直接追求和无限扩张的特点，客观上成为创业活动的直接动力。

我国虽然可以通过国家制度实现全体公民在法律面前人人平等，但是资本要素参与社会分配还将在相当长的历史时期存在，利益作为创业活动的直接动力也是客观规律。即使在公益创业中，创业者并不寻求个人利益，但是他寻求的公众利益也是利益的一种表现。

不仅仅是各种各样的利益，还有利益上的矛盾与冲突，这些都是促使创业行为的直接因素。利益分为个人利益和共同利益。个人利益是每个主体特殊的利益，它在人类历史上不断丰富和发展；共同利益是个体利益重合的部分，它大致可以分为两个层次：一是整个社会的共同利益，二是社会中某一团体的共同利益。另外，在全球化的今天，还存在人类的共同利益。共同利益在历史上由于其实质内容的不同，还可以分为真实的共同利益和虚假的共同利益。在生产力发展到一定阶段，个人利益由于自然需要和个人在社会经济、政治关系中的地位、分工的不同而存在差异。在生产力不够发达和资源短缺的情况下，存在差异的个人利益之间必然存在矛盾甚至冲突，这一点在阶级社会表现得尤为明显。不同团体、不同国家的利益也是独立的，它们之间也存在利益矛盾和冲突。利益的矛盾和冲突必然表现为人与人之间关系的对立、恶化和危机，在阶级社会会出现阶级斗争和战争。在解决利益矛盾和冲突、推动社会发展方面，创业活动是强有力的杠杆。

综上所述，利益建立在一定的生产力和物质生活条件、一定的交往和社会关系、一定的精神生产和精神产品之上，利益是创业活动的直接动力。在不同的历史阶段，利益有着不同的特征，而这种特征又决定了创业在不同的发展阶段所具有的特征。利益的分化、丰富和发展必然推动创业活动在知识、技术和制度领域的全面发展。同时，现实社会中的人也存在利益矛盾和冲突，在解决矛盾和冲突、维护和促进社会稳定和发展的过程中，创业活动也扮演着其应有的角色。

---

① [德]马克思，[德]恩格斯. 马克思恩格斯全集(第46卷上)[M]. 北京：人民出版社，2012.

第四节 创业的主客体关系

一、创业活动主体

创业活动指的是创业活动主体对创业活动客体进行能动的对象性活动,它指的是创业者根据自己选定的目的和行动计划,在创业实践中进行实践的过程。创业者在企业创业过程中,无论是在企业目标的确立,还是在企业行为方式的选择上,都起着举足轻重的作用。在一定程度上,创业活动可视为创业主体的一系列复杂的活动,是由创业者的理性思维、情感意志和实践行为组成的主观活动。

(一)主体和创业活动主体

主体和客体是哲学中两个极其重要的范畴。主体是根据特定的目标,对客观事物进行认识、改造的个体。客体是指被人所认识、所改变的客观事物。主体和客体不同于主观和客观。主观是指人的精神世界,客观是指个体意识之外的客观世界或客观存在。主体无疑是人,但又不能认为凡是人皆为主体。没有自觉,处于消极状态的人,不能成为主体。只有那些有着清晰的自我意识,处于积极的主导位置的人,才能成为学习的主体。创业活动系统是由人和物两部分构成的,在这两部分中,物的因素不可能成为主体,大多数处于参与具体活动地位的人也不是主体,只有处于支配地位的人才是主体。简单地说,创业活动主体就是在创业过程中从事创业核心活动的创业者。

创业活动的主体是一类具有区别于其他主体的特殊规定和特殊要求的主体。主要表现为以下几方面。

首先,创业活动主体一般应当具有进行创业活动的专门知识。知识是人们对客观对象的浅层感知和深层认知的统称,知识根据其所反映的客观对象,可以被划分为自然知识、社会知识、人的知识等多种类型。知识是一种无形的财富,是一种强大的力量,是人们认识世界的结果,是人们改造世界的工具。不过,因为知识是一个令人眼花缭乱、无比丰富的宝库,人的一生不可能、也没必要掌握其全部,而只能学习、掌握尽可能多的有关知识。工农业生产者主要应掌握关于制造和种植、养殖的自然知识,工程技术人员主要应掌握有关的自然科学知识和技术知识，科学家主要掌握某一领域的科学知识，医生主要应掌握人体的生理病理知识，等等。毫无疑问，创业者需要有一定的知识，并且看起来需要更多。这方面的内容主要是：第一，企业经营活动中所涉及的科技和专业技术。例如，金融从业人员必须熟悉货币的基本原理，熟悉货币融资的基本流程；电机厂厂长必须具备一定的电气原理知识，并熟悉电机制造过程；校长须通晓教育原理，熟知各课程之运作原理。总之，创业者虽不一定是某行的专家，但起码应是内行而不是外行。第二，尽可能通晓有关的社会科学知识。创业活动作为一种社会实践活动，自始至终是在社会大系统中进行的。创业活动主体要实现自己的意图，有效地实现创业目标，除了需要通晓有关专业技术知识之外，免不了还要同整个社会打交道，因而还必须掌握尽可能多的社会科学知识。例如，一个创业企业的领导想要将企业办好，他不仅要懂得该企业的生产经营知识，还应掌握与企业经营有关的政治、法律、历史、经济、国际关系、国内形势等多种社会科学知识。没有这方面的认识，就无法判断形势，把握时机；科学地做出决策，应对各种变化；他们也不可能在商业竞争中游刃有余，立于不败之地。一般而言，具有较大决策权的创业者，其所具有的社会科学知识也较多；从事创业活动的高级人才，其政治、法律和历史等知识水平较高。第三，要特别熟悉关于人的知识。创业活动的对象既包括物，也包括人，创业活动的重要工作之一就是做人的工作。因此，作为一个创业活动主体，应当熟悉自己的下属或团队成员，懂得人的生理、心理、需要、追求、信仰、期待和他们的行为规律，掌握有关的生理学知识、心理学知识、社会学知识、行为科学知识等人学知识。如果不懂得人，或者对人知道得很少，片面地将人看作"经济人""工具人"，就无法搞好创业活动。相反，只有掌握有关的人学知识，了解人的心理活动和思想变化，才可能沟通主客体的关系，将创业者的意图化为创业组织成员的行动。第四，作为创业活动主体，特别是创业活动主体中的决策人物，还必须学习运用哲学。作为对各门科学知识的最高总结，哲学拥有着对世界进行观照和改造的诸多独特作用，它为创业者提供了纵观全局、预测未来、揭示因果、防微应变的方法论，同时也为创业者们制定出了怎样进行正确决策的价值坐标。在做决定时，究竟是以唯物主义的观点，还是以唯心的观点，或是以系统辩证法或是形而上的方式，都会对创业过程的成败产生直接的影响。因此，不懂得哲理的人，是难以成就一番事业的，现代社会的创业者应当学好哲学。

其次，创业者要有一定的创业经历，有一定的实际操作能力。知识是创业活动主体的一种理论储备，是创业活动的一个先决条件，是指创业者具备了做好创业活动的可能性。为了把这种可能性变成现实，创业者们必须把自己所掌握的各种知识转换成与之相对应的创业活动能力，并在自己的创业活动中不断学习怎样把这些知识运用到自己的创业活动中去。这也就是说，关于创业活动的知识非常重要，如果没有充足的相关知识，就不可能有能力的培养。由于能力不是无中生有，而是由知识转化而来的，将知识与能力、理论与实践对立起来、片面强调实际创业活动能力的观点是错误的。但同时也应该看到，知识并不等于能力，有知识而无能力只能是空谈家而不可能成为创业者，在此意义上，能力比知识更为重要。当年恩格斯对少数奢望党的领导地位的年轻干部这样说过："他们那种本来还需要加以深刻的批判性自我检查的'学院式教育'，并没有给予他们一种军官官衔和在党内取得相应地位的权利；在我们党内，每个人都应该从当兵做起；要在党内担任负责的职务，仅仅有写作才能或者理论知识，甚至二者全都具备，都是不够的；要担任领导职务，还需要熟悉党的斗争条件，掌握这种斗争方式，具备久经考验的耿耿忠心和坚强性格，最后还必须自愿地把自己列入战士的行列中。"[①]我国古代法家在选拔高级官员时也提出："宰相必起于州郡，将帅必起于卒伍。"这都说明知识不等于能力，能力是在创业活动实践中从知识逐步转化而来的。

　　创业活动主体的创业能力有多种表现形式，其中观察判断能力、专业技术能力、人事组织能力和分析综合能力是较为重要的。观察就是对形势的观察和预测，以便适时地制定战略目标；决断就是从众多的规划方案中，果断而精确地选出一个最优的方案。观察和判断能力指的是创业者在具体情况下，依据自己所掌握的相关知识做出科学的决策。在这种情况下，如果没有相关的知识，就不可能对局势进行深入的分析，做出明智的决定，而只能是武断决策或盲目拍板。如果创业活动主体仅有相关知识而缺乏敏锐的洞察能力和沉着大胆的决断作风，那么就只能瞻前顾后、犹豫不决，结果必然失去稍纵即逝的机会。所以，观察判断能力是创业活动主体特别是创业组织核心决策层所应具备的基本能力。所谓人事组织能力即领导能力，其核心是如何看待人、怎样处理组织内外的人际关系。身为一名创业者，一定要具备识才的慧眼、爱才的热忱、用才的技巧、护才的勇气、驭才的策略，才能将具有不同专长、气质、性格、责任的人才进行合理的组织。

---

① ［德］马克思，［德］恩格斯. 马克思恩格斯全集（第22卷）[M]. 北京：人民出版社，2012.

反之，一个不识才、不容才、不能用才、不敢护才也不能驾驭才的人就是一个孤独的人。这种人事的组织和管理能力，虽然有"人学"的基础，但更多的是在人才和管理工作中逐渐形成的。所谓的专业技能，就是创业者对自己的创业项目所从事的特定活动所具备的知识和技能，以及对专业工作环节的理解和掌握等。这种能力是指导创业组织内下属开展工作不可缺少的基本功，不具备这种能力就无法进入指挥别人工作的创业者角色。当然，这并不是要求创业者门门通、样样精，而只是要求对该专业的各个环节、各个方面要有基本的、全面的了解，绝非外行。如果一个创业企业厂长对该厂生产的基本知识和工艺流程茫然无知，或者只懂技术，不懂财务，不懂销售，那么他就只是一个名义上的厂长，绝非一个事实上的创业企业领导者。所谓综合分析能力是指创业者的思想技能，是指创业者分析综合创业活动系统各个方面、各种情况而对系统各活动要素进行有效控制的理性思维能力。从创业活动决策中确定目标的那一刻起，一直到目标的最后实现，创业者自始至终都围绕着怎样达到最优的创业目标，而对创业系统组织中各部门、各环节的活动进行持续调整。要做到这一点，没有一成不变的模式可以遵循，必须随时对现状进行分析，对情况进行综合。这种分析综合也是无法直接从书本上学到的，只能在创业活动实践中逐渐摸索。

再次，创业者常常同一定权力相联系。所谓权力，是按照预定方式引起别人心理或行为变化的权威和能力。它是通过约定俗成或通过法律程序所赋予的一部分人对另一部分人的影响力和支配权。对于权力的欲望，人皆有之。但权力欲并不可能无条件地转化为现实的权力，拥有权力的人只能是少数。一般情况下，创业者正是创业组织内部权力的拥有者。所谓创业活动主体，一定要有相应的影响、支配别人的权力。至于这种权力是通过习惯由一些人传递给另一些人，还是通过某种法律、制度赋予一些人，都是创业活动主体在创业活动进程中不断拥有的质的规定性。只有获得现实的创业活动决定权力的主体才能成为真正的创业活动主体，否则就不能区别创业活动主体和创业活动客体，创业者就无权决策，无法对创业组织成员行使指挥、调度、奖惩、控制，创业活动就可能会成为一句空话。中外传统文化中有一种观点认为，权力欲是人性中邪恶的一面，权力无论其性质如何，统统是有害的。在这种观点看来，人生来是平等的，不能有支配别人的想法和行为。它们主张社会不应由权力而应由"仁义""礼让"或理性道德来治理。现代无政府主义更是反对一切权力，主张打倒权力的象征——国家和政府。其实，权力欲并非都是邪恶的，权力也不都是有害的。相反，在有分工、有协作的社会生产和生活中，权力欲的产生和权力的运用不仅是必然的，总的说来还是合理的。罗素认为，权力是社会科学中的基本概念，是社会组织赖以维持和社会活动得以开展的关键。自有人类社会以来，只有通过权力，才能促进生产的发展和社会的繁荣。恩格斯在《论权威》中更明确地指出："联合活动，互相依赖的工作进程的复杂化，正在取代各个人的独立活动。但是，联合活动就是组织起来，而没有权威能够组织起来吗？"①可见，权力是社会活动的产物，也是创业活动主体质的规定。如果失去权力或有权力不敢运用，创业活动主体就不复存在，因此，世界上绝没有无权的创业领导者。

最后，创业活动主体还与威信相关联，创业者个人或领导者的声望和信誉是创业活动主体的又一质的规定性。所谓声望，就是创业者以其优良的道德品质和卓越的才能，在创业团体中形成的一种独特的影响力。所谓信誉，就是创业者与创业组织中的成员经过长期的交往与沟通，所产生的对创业者的尊敬与信任。与权力不同，威信不是由习惯和法律自外赋予创业活动主体的，它是创业组织成员对创业活动主体的一种认同，它是创业者的自身造就，并通过创业组织成员所赋予的。在一些人影响另一些人的心理行为的意义上，创业活动主体的威信也是一种权力，因为通过威信也可以达到支配他人的目的。所不同的是，权力是一种强制影响力，威信是一种自然影响力，前者是由地位决定的，后者是自发产生的。所以，权力同威信并不一样，不能认为有权必威、有权必信，威信同权力是构成创业活动主体的两个并列的内在规定性。

有一种观点认为，创业活动既然是一部分人支配另一部分人的行为活动过程，那么权力之中就包含着威信，威信是从权力地位中自然产生的。根据这种看法，有权必威，有权必信，权力——权威。事实完全不是这样，权力和威信并不具有必然的联系。有权是否同时具有威信，这要看创业者如何看待权力和运用权力，看他是否正确地对待创业组织成员。一般说来，只有不迷信滥用权力的当权者才有可能恰当地运用权力，由此才能逐渐树立威望并取信于民。反之，如果你觉得权力无所不能，你觉得有了权，你就可以拥有一切，你就可以对别人发号施令，以权压人，如果你试图使用简单的行政命令来开展你的创业活动，那么你一定会遭到创业组织成员的反对和反抗，因为你已经丧失了创业组织成员对你的信任，你的创业活动主体就会变成一个没有存在价值的主体。可见，要搞好创业活

---

① ［德］马克思，［德］恩格斯. 马克思恩格斯全集（第18卷上）[M]. 北京：人民出版社，2012.

动,除去要掌握一定的权力,还要辅之以创业者的威信,使创业者不是从形式上而是从实质上接受创业活动指令。

知识、能力、权力、威信,这四个要素构成了创业活动主体所必须具备的四重规定性,缺少任何一个,都不可能是一个真正成功的创业活动主体。

(二)创业活动主体的系统结构

创业活动是一种特殊的、复杂的社会实践,一个人无法独自完成,需要与一些人合作。随着社会分工的发展和社会生活的日趋复杂,现代社会的创业活动主体系统也日趋复杂,参与创业活动的人各有其不同的职责。现代社会创业活动主体系统结构的变动性日益明显,结构的优劣对创业活动的效率起着巨大的作用。

在一个复杂的系统中,处于创业活动主体系统顶层的是决策者,他们是拥有决策权并对整个创业活动系统承担最终责任的领导者,他们的工作就是制定创业活动的目标,并选择一些能够决定目标实现的方案。为了让创业活动的决策更加科学,同时也为了防止主观上的任意判断,在各个层次的决策机构中,也都有规模不同的智囊团或思想库。在现代,凡是从事规划、统计、预测、咨询和研究工作的人或群体,都属于某一决策层面上的一类智囊团。智囊团是决策层的思想库,他们的作用就是对政策制定者的调研和研究。其作用不在于"断",而在于"谋",主要是为决策者提供最佳决策的理论、策略与方法。决策者与智囊者之间的关系,就是"谋"与"断"的关系,谋是断的基础,断是谋的结果,两者既不等同,又有区别,又有依赖,相辅相成。创业活动的主体体系越健全,断与谋的功能越清晰、越完善,其相互间的合作与协调也越有自觉。

复杂创业活动主体系统的第三层次是执行人员。执行人员是创业活动主体体系中的骨干,他们的职责是制订具体的计划,组织并指导操作人员,并贯彻执行这些计划。在一家新公司中,董事会的决定由各个层级的高管来执行,比如项目经理、车间主任等。在创业活动中的执行,并不是机械地照搬和简单地执行。由于每个部门的具体情况都不一样,因此上级的决策不可能对每一个方面都进行详细的规定。这就需要各级执行机关,以现实为依据,将上级的决策具体化,对没有包含到的部分进行再决策。因此,实施的过程,就是一个决策的过程,执行者不仅要执行,还要在中间做出决定。一般而言,一个决策实施过程中所涉及的中间环节越多,或更长,其执行者所承担的中观决策责任越重。只有在一个层级较少、执行链条较短的部门中,决策者与执行者之间的责任才能得到明确的划分。

从理论上讲，我们能够也必须把决策层面与执行层面进行相应的分离。但在现实生活中，特别是在体制巨大的创业活动人员系统中，最高层的决策人员和智囊人员是固定的，而中层的执行者则承担着不同的决策任务，执行者与中层决策人员往往是混而为一，无法完全区分。

为确保决策的持续实施，时刻了解决策是否符合实际和执行部门是否按照决策执行，创业活动主体系统还可以设立专职的监督人员，其任务是跟踪捕捉执行过程中的偏差信息，并及时反馈到决策层。当决策结果与实际情况有偏差时，就必须由决策层来修改原先的决策；如果是执行方面的偏差，则核心层会要求执行人员纠正。在执行决策时，不能把原来的决策想成是完全完美的，也不能把它想成是完全准确的。由于各种因素，政策的实施不可避免地存在着矛盾，而如何在执行中及时地发现这些矛盾，则成了监督员的职责。只有通过对管理者的监督和控制，管理者才能不断地向决策目标靠拢。在工厂中，产品质量检验人员就是监督人员。

国家的监察部门、社会舆论团体、财务审计机关等则是专职的监督人员。一般来说，创业活动主体所创业活动的对象越复杂，监督人员越多、越职能化，其作用、地位就越突出，创业活动主体的发展也越完善。而当创业活动主体系统发展不足或部门所管对象比较简单时，监督人员常常是由决策人员兼任的。但是，不管在哪种情况下，监督人员都不得缺少，更不应由执行人员兼任。否则就等于取消了监督，"监""守"合一，就会给各种形式的"监守自盗"提供可能，从而使创业活动失控而流于混乱。此外，监督工作是一件非常复杂、非常严肃的事情，监督人员不但要具备一定的专业知识，敏锐、及时地发现问题，还需要有一颗对事业的忠诚心，以及对事不对人的高度责任感，敢于向上级反映问题，并督促其改正偏差。

综上所述，以上四个子系统组成的创业活动主体体系，是由决策者、智囊者、执行者和监督者组成的一个整体。其中，作为"大脑"与"灵魂"的决策者，他们的决策是否得当与及时，将直接影响到企业创业行为的成功与否；智囊者是决策者的副手，是一种"外脑"和"思想库"，帮助少数决策者"运筹帷幄、决胜千里"；执行者则是创业活动的"躯干"或"主体"，决策只有通过他们的创业活动才会变成现实；而监督者相当于创业活动系统的"眼睛"和指示仪，对创业活动起着监控、调整、跟踪和定向等多重作用。在创业活动中，上述四类子系统必须各司其职、协同配合，如果其中任何一类人员不司其职、不尽其能，创业活动主体的创业活动功能就得不到正常发挥；如果互相掣肘、扯皮内证，创业活动主体系统便会因内耗而解体。

（三）创业活动主体的行为方式

要使企业的创业活动能够顺利进行，不仅需要对企业的制度进行优化，而且需要对企业的行为进行正确的引导。如果创业主体没有正确的行为模式，那么即便创业制度具有较高的人员素质和良好的制度结构，也难以取得较好的创业成效。

创业活动主体的行为方式即创业活动主体的活动方式或工作方式，它是一种在一定的文化和组织环境下，经过长时间的发展而形成的思维定式和行为模式。文化环境和组织环境不同，创业者认识和处理问题的方式也不同，从而形成形形色色的创业活动行为方式或类型，主要有以下几种。

第一种类型，独断型。这是官僚主义创业活动方式的一种，其表现为武断自信，听不进别人意见，凡事无论大小皆由一人独断，要求别人绝对服从、唯命是从。独断型是专制主义的基本创业活动方式，资本主义初期的企业主习惯于这种工作方式，工厂的一切大小事务悉由企业主一人独断。独断型是民主型的对立面，它将创业活动中的指挥决策职能片面放大，排斥民主决策和民主监督。在现代，这种创业管理形式显然已不合时宜。

第二种类型，放任型。这是与独断型刚好相反的一种创业者工作方式，其表现为创业者不愿或不敢行使自身应有的权力，该管的不管，放任下属"自由"行事。放任型创业活动方式的产生有其复杂的历史文化原因，在现实中也存在各种各样的具体表现。中国道家"无为而治"的思想，资产阶级人道主义抽象的自由平等观及蔑视权力的无政府主义思潮，都可以诱发和导致放任型的创业管理方式。在现实中我们常常可以看到，有的创业者抱着"无为而无不为"的宗旨，以为少揽权才能发挥下属的积极性，结果适得其反；有人错误地将权力和民主对立起来，以为权力必然破坏人们的自觉性，结果这个集体因缺乏约束机制而各行其是，成了一盘散沙；有的领导视权力为祸水，害怕行使权力会触怒雇员而使自己孤立无助，因而对周围许多违纪甚至犯法行为装聋作哑、听之任之等。

第三种类型，事务型。这种创业者活动方式既不同于独断，独断型是指大小事个人独揽专断，具有排他性；也不同于放任，放任型是完全或基本放弃创业活动，任由他人擅行其是。所谓事务型的创业活动模式，就是指创业者不清楚自己应该做什么事情，经常会忘了自己的责任，而把自己牵扯在不该牵扯的事情上，从早到晚、长年累月地被困在无数的日常事务中。造成这种现象的根本原因在于，创业者对现代经济活动主体概念的缺失，以及对其在创业活动体系中所承担的责任的认识不足。

第四种类型，以事为中心型。这是相对于以人为中心而言的一种较普遍的创业者活动方式。所谓以事为中心，是指创业者仅以工作为中心，而将人当作实现其工作目的的手段。具体说来，它可以区分为以营利为目的的财务活动、以工作效率（生产效率或行政效率）为目的的经营活动和以产品质量为目的的质量控制活动三类创业行为方式。创业活动是一种能动性的特殊实践活动，它具有明确、具体的组织目的或行为目标，不管是什么样的创业活动，它都应该提高工作效率，并确保产品或服务的质量。因此，如何做好公司的财务工作，确保公司的利润，也是创业的一个重要目标。从这个意义上说，对以事为中心不能简单地加以责难，它作为创业活动主体行为的一种方式，应予以适当肯定。但是必须看到，这种方式并非理想的创业活动方式，而且可以说是一种失去根本目的、中心错位的创业活动方式。这是因为，任何一种创业活动都是通过人并为了人的群体活动，人不但是手段，更是目的。产品质量、工作效率以及财务增收只是创业活动的直接目的而非根本目的。另外，为了提高工作效率、保证产品质量和使企业营利增收，必须依靠组织成员的共同努力。可见，这种行为方式是建立在对人性错误估计基础上的创业活动方式，是轻视人的机械创业活动方式。如果说这种方式在一定时期或某些领域曾经并正在发生作用，那也仅证明当时的人或那里的人自主意识太低或太受压制。随着社会的进步、人的觉醒、创业活动对象的复杂化和现代化，这种方式显然已暴露出它的弱点和缺陷，创业者不得不转向以人为中心的现代创业活动方式。

第五种类型，以人为中心型。它被认为是当代创业者最理想的行为模式，但是对于创业者来说却很难对其进行精确的把握。在这样一种创业活动方式中，首先要明确的是，人是创业活动的根本目标，一切创业活动行为和创业活动工作的最终目的都是满足人的需要。其次要确认人是创业活动的中心，一切创业活动工作、创业活动行为都应通过人来开展。这里的人既指创业者，也指创业组织成员。而要做到这一层，就不能将作为创业组织成员（一般说是雇员）的人当作单方面接受创业者指挥的纯粹受动者，而应看成有追求、有需要、有权利、能创造的能动者。既然如此，传统的独断专制和习惯采用的以事为中心的创业活动方式就应被排斥在创业者的行为方式之外，创业活动就不再只是少数创业者的事情。要实现这一目标，创业活动主体需要做好如下几方面的工作：首先，充分尊重和信任广大员工，注意广泛吸取员工的意见，做到择善而从，并将此形成习惯和制度；其次，充分调动广大员工的积极性，培养他们的能动性和创造性，善于依靠人而不仅仅依靠制度和命令去开展各项创业活动；最后，增加创业活动决策的透明度，使员工拥有必要的知情权。以上三点如果付诸实行并成为创业主体自觉的行为方式，创业活动主体同雇员就能融为一体，进而使创业活动高效率地持续进行下去。

二、创业活动客体

客体是相对于主体而言的对象，创业活动客体是创业活动主体所作用的对象。由于创业活动是创业活动主体作用于创业活动客体的特殊实践活动，因此，在对创业活动主体的规定、要求、系统结构和活动方式进行研究之后，就必须对创业活动对象的规定、特征、组织结构和活动方式进行深入的分析。

（一）创业活动客体及其构成要素

客体在一般意义上，是主体有目的、有计划相作用的对象。其中，凡被人们有目的、有计划地认识和考察的对象，就是认识客体；凡被人们有目的、有计划地加以控制和改造的对象，就是实践客体。因此，客体范畴是一个包容甚广的哲学范畴，凡人类思想所及和活动相加的一切对象，无一不可以客体相称。

什么是创业活动客体呢？统而言之，即是人们常说的创业活动的对象。不过这种说法太概念化，为了使客体有其具体规定，明确创业者应当面对什么是一个十分关键的问题。一般人们认为，创业活动的对象是人、财、物三种基本要素，也有人认为时间和信息在创业活动过程中的作用很重要，要再加上时间和信息。

创业活动作为一种特殊的社会实践活动，是创业活动主体按照某种预定目的进行创业活动的特殊实践。因此，从事计划决策、组织指挥、控制调整的人是创业活动主体，而被计划、组织、指挥、控制的实践活动则是创业活动的客体。这种客体不是通常意义上消极被动的静态客体，而是特殊意义上积极能动的动态客体。这种客体既包括实体性因素人、财、物，也包括非实体性的功能因素和结构因素，如人的思想状态、人的活动方式、人员组织结构、人与人的信息沟通以及被人控制的时空等。创业活动客体之所以称其为创业活动主体有效作用的对象性客体，正是由于上述诸要素进入了被控制的实践活动领域。如果创业活动客体不是某一正在进行的实践活动，诸要素没有进入现实的实践活动领域，那么无论是人还是物，也无论是时间还是信息，都不可能成为创业活动的对象。

所以，我们应该把人的实践活动的对象，也就是所有组成实践活动的要素，都看作创业活动的客体。还应该注意到，由于实践的种类很多，因此构成每一种创业活动客体的特定因素在不同程度上也有不同的性质。因此，不能将经济管理的客体因素套用到所有创业活动的客体因素。不过，从创业活动哲学的角度来看，无论何种创业活动客体，都是由从事某种实践活动的人和实践赖以进行的物两类要素所构成。其中，人的要素包括人的思想（价值观念、意志情绪、认识能力）、人的行为（行为方式、行为趋向、行为方法）、人员结构（组织结构）和人际关系等；物的要素则包括物资、资金、环境、时间、空间和信息等。下面是对上述因素的具体分析。

第一，人的思想。说人是创业活动客体要素，自然应包括人的思想，因为人是有思想的理性动物，而不是无思想的机器或动物。但是，思想作为一种无形的精神现象，能成为人所影响的客观对象吗？如果可以的话，又该如何理解客体的客观性？答案应是肯定的，这是因为人的思想虽然无形但并非不可捉摸。对个体而言，人类的思维固然是一种客体，但是，如果把人类的思维当作被别人所认知并影响的客体，那么，人类的思维就是一种被人所把握并反映的客体。列宁当年在考察革命的客观形势的时候，就曾将被剥削者的情绪、希望、决心等精神状态列入客观条件之一，这说明创业组织成员的思想虽然是一种无形的精神，但是对于创业者来说则同样具有可知性和客观对象性。因为创业活动是由一些人和另外一些人共同完成的一项具体的实践活动，所以，创业活动的主体必须从一开始就对创业组织成员的意愿有一个清晰的认识，对他们的情绪、激励和热情进行控制，对他们的才智进行培育，同化他们的观念，从而让创业组织成员的思想变成可预测、可感知、可追踪和可控制的对象。

第二，人的行为。与人的思维相比较，人的行为，也就是人的现实活动，有着鲜明的客观性和目的性。在人没有进入创业企业之前，其活动是受自己支配的自主活动，个人既是主体也是客体。而一旦进入创业企业，同创业者发生关系，其活动就不再是完全自主的，而必须受制于人，成为受创业活动主体支配的对象性客体。创业活动之所以可能，正在于一部分人的行为方式、行为趋向以至活动方法不能任由自己支配而须接受别人的引导、规定及指挥。创业组织成员干什么、怎样干、为什么而干，都要由创业者来决定。在有的创业活动领域，创业组织成员的行为方法也成为被规范的对象，如在生产类的创业活动中，就可能依据泰勒的理念将工人的操作动作做出省时、省力、省料的一系列规定。当然，这不是说雇员的一切行为都必须接受创业者的严密控制，如果这样，人就成为毫无自立性和创造性的机器。

第三，人员结构。作为创业活动客体要素的人不是以个体的方式而是以群体的方式而存在。群体究竟以何种结构方式进行活动，对创业活动的成效影响极大。因此，创业活动客体要素不仅包括作为创业活动客体的人的思想、人的活动，还包括人与人的组合方式或组织状态。创业者只有根据不同的创业活动目的来建立创业活动组织系统并根据情况的变化随时调整组织结构，才能使创业活动卓有成效。

第四，人际关系。人际关系是指组织内人与人之间发生的关系，它既包括创业活动主体之间的关系，也包括创业活动主体同雇员以及雇员之间的关系。正是由于组织内人与人的关系常常不和谐，需要调整，人际关系才成为创业者关注的对象。无论在什么样的人群系统中，人与人之间总会产生各种各样的矛盾，这是任何组织设计者预先不可能防止的，是不以创业者的主观意愿为转移的。建立一个无矛盾的组织系统的设想显然是一种幻想，而对组织中人际关系中的不和谐感到不可理解甚至不知所措，则近乎无知。

第五，物资。在哲学中，物质是相对于精神而言的客观实在，它的范围很广，不仅财是物质，人也是物质。而物资则不是一个哲学概念而是一个经济学概念，它是指人类物质生产和生活不可缺少的自然资源、生产资料和生活资料。物资作为人们进行生产实践和生活消费的对象是显然的，但成为创业活动的要素则需要加以说明。当自然物资未进入生产和生活领域的时候，是以资源形式存在的，资源的种类主要有土地、森林、矿藏和水域等。自然资源进入生产领域之后，便被生产实践改造为材料、能源、工具、设备等生产资料，直接同生产资料打交道进行物资保管、设备维护及保卫的人员（如仓库保管和资财保卫人员）是创业企业基层人员；而从事产品供销计划制订、库存控制、物资调拨、设备引进或更新等工作的则属创业企业高层人员。生产过程完结、自然资源转变为消费品之后，还将经过分配和交换环节，最后进入社会消费领域，其中每个环节都离不开企业经济活动。物质是人们进行经济活动的客体，也是由于物质作为客体的多种多样，从而构成了一张丰富多彩的创业活动之网。

第六，资财。资财是资金和物资的价值表现。所谓资金，即用于某种活动的实有货币；所谓物资的价值表现，是以货币为价值尺度对物质财产数额（金额）所做的计算。人类自进入文明社会以来，无论从事哪类实践活动（特别是经济活动），都离不开对物质资料价值的正确认识和合理使用。而要正确认识和合理使用物质资料的价值，就必须合理地聚财、生财、用财。在商品生产高度发展的现代社会，要使创业活动更科学、更有效，资财无疑起着越来越重要的作用，也具有更加繁复的形式和内容。

第七，环境。环境也被称为组织环境，它指的是存在于创业活动系统之外，并对创业活动系统产生影响的一系列因素的总和，具体包括生态自然环境、社会经济环境（如投资环境、市场环境）、政治法律环境、科技文化环境等。环境对创业活动的影响是双重的。其一，环境作为创业活动系统的存在条件，是既定的、外在的"编外因素"。从一般意义上说，一个公司的行为系统是由其所处的特定环境所决定的，公司只有在特定的环境中才能适应，或者被淘汰。从这个意义上讲，环境不是创业活动主体可以驾驭改变的客体。其二，创业活动主体既然是人，而人又有主观能动性，就创业活动系统就不可能完全被环境左右，在一定范围内和一定条件下，它可以并且应当按自身的需要去选择环境、改造环境，与环境建立起互通物质、能量和信息的和谐平衡关系。在这个意义上，环境就成为创业活动主体的客体因素。当代中国创业者在确立某一战略目标、进行计划决策或是制定某一组织原则、开展创业活动的时候，都脱不开中国国情这个大环境，都必须从中国的资源、人口、社会主义制度和人口的科学文化素质以至道德民俗等条件出发。无视国情，盲目套用西方的创业活动形式和方法，必然导致创业活动的失败。有作为的创业者，都会在坚持四项基本原则的前提下，想方设法改造现有的环境，或者开发利用不利环境中的有利因素。可见，环境决定创业活动，创业活动又改造环境，这合乎马克思的环境创造人、人又创造环境的辩证思想。如果看不到前者，会犯唯心主义错误；而抹杀了后者，就是机械唯物主义。

第八，时间。从哲学角度来看，时间是事物运动的一种存在形式。物质处于绝对的运动之中，而运动着的物质所具有的过程性、延续性和先后承续性就是时间。创业活动客体中的所有因素，不管是人的因素，还是物的因素，没有一种因素与时间有联系，或者说它们都在时间中运动、转换、匹配。因此，创业活动的客体要素不仅包括上述的人、物、财、环境，也包括时间。时间本身是不会被人所改变的，要充分认识时间的价值和提高时间的使用效率，创业者就要对创业组织成员进行时限控制、时机选择和时效教育。创业组织成员是在一定的时间中活动的，因而创业者不仅要规范雇员的思想和行为，还必须对其活动的时间期限做出规定，否则就谈不上科学的创业管理活动。即使对于物（如库存物资）和信息，也应有时限控制，因为超过规定时限的物资可能变质，信息可能失效。时机选择指创业组织成员恰当选择和准确把握某种机遇，充分发挥时间的效率价值，达到在正常情况下所达不到的目的。时效是指相同时限内的不同工作效率。时效教育就是向创业组织成员灌输时间就是金钱、时间就是生命、时间就是效率的观念，引导创业组织成员抓紧时间工作，在短时间内发挥出最大的效益。总而言之，尽管时间对每一个人都是无私、公平的，它本身也是一种不以人的意志为转移的客观性。然而，人们对时间价值的理解以及使用时间的方式，却存在着很大的差异。在当今社会，伴随着生活节奏的不断加快，时间这一目标体系中的量化要素，应该得到更多的关注。

第九，信息。信息是物质属性和关系的表征。不管是无机界还是有机界，都是以其自身所包含的资讯，呈现出内在的特性与内在的联系。尽管在自然界中，各种信息都有其客观的传递、接受、加工、反馈等过程，但是，所有这些都是"自然"的，并没有任何的信息控制行为。信息控制和管理是人们为了认识和沟通外部客观事物，从而使自己的组织得到改善而进行的有意识的行为。美国贝尔公司的申农博士认为，[①] 信息是用来消除随机不定性的东西。其通信功能就是消除不定性，信息的量就是用被消除的不确定性之大小来衡量。控制论的创始人维纳也认为，信息和熵刚好是两个相反性质的概念，前者标志系统的组织程度，后者表示组织解体的量度，信息可以提高系统的组织性。由此可见，信息普遍存在于或者依附于物质和活动之中，并对任何一种系统的组织和运行状态发生自觉或不自觉的影响。因此，在创业活动中，任何一种客体系统如果要防止内部混乱、加强其组织性，就必须收集大量信息、分析整理有关信息，利用信息来进行科学的预测和决策，调整控制其创业活动客体，从而使组织系统内部保持和谐，建立与环境的稳态平衡。相反，如果以为信息看不见、摸不着而不对信息加以关注和处理，那么这样的创业活动就完全是主观蛮干，毫无科学性可言，可能会陷入"盲人骑瞎马，夜半临深池"的境地。当今社会是一个信息化的社会，信息化对企业的发展起到了至关重要的作用。

---

① 张守刚. 信息论与认识论[J]. 江汉论坛, 1983(2)：5.

综上所述，我们可以看到，实践活动作为创业活动的客体，包含着诸如人、物、财、时间、信息、环境等多种要素，是一个结构复杂的多元动态系统。离开系统论和创业实践活动孤立地分析创业活动客体要素显然是不可取的。

(二)创业活动客体的基本特点

创业活动客体既然是实践活动系统，那么它就具有实践的客观实在性、主观能动性和社会历史性等一般特征。既然它是作为创业活动主体所作用的对象性客体而存在，那么它同时具有可控性、系统组织性等具体特征。

创业活动客体的客观性，是指创业活动客体不以创业活动主体的意识为转移。无论是客体中物的要素，还是客体中人的要素，它们的存在都是客观的。其中，物、财、信息、环境、时间等要素，其客观性是不言而喻的，它们各有其内在属性和运行规律。作为创业活动客体的人虽然是有目的、有意识的，但人的存在及其活动同样是客观的，同样服从一定的客观规律，创业者不能随心所欲地对其施加影响。创业活动客体的客观性说明并要求创业活动主体的一切活动首先必须从客体的现状出发，遵循唯物主义的实事求是原则。如果不从创业活动客体的现实存在而仅仅从创业活动主体的愿望出发，就会将创业活动引向错误的深渊。

创业活动客体的主观能动性，是专指创业活动客体中人的能动性或主动性。一方面，创业活动客体中的人具有受动性；另一方面，人作为一种创业活动的客体，与物这一类客体又有很大的区别，它是开展实践活动的主体，具有支配、改造客观事物的积极创造性。也就是说，人既是创业活动中被动的对象性客体，又是实践活动中能动的创造性主体。没有人的这种主观能动性，就不可能有真正成功的创业活动。另外，即使在创业活动中，作为创业活动客体的人也并非只具有客体的性质，很多时候他们也同时参与部分决策和部分监督的工作，这种参与也体现着他们的主观能动性。如果作为创业活动客体的人不主动发挥作为人的主观能动性，或者创业者不把创业活动客体中的人当人看而当物看，创业活动客体就失去了它的活力因素，创业活动也就谈不上真正有效的创业活动。

创业活动客体的社会历史性包括两层含义：一方面，创业活动客体系统及诸要素是在社会大环境中形成的，不可能脱离一定的社会环境孤立存在；另一方面，创业活动客体不是绝对封闭的系统，而是作为社会大系统的一个子系统与其进行物质、能量、信息的交换。如果脱离人类社会，不但人不能作为客体进入某一创业活动系统，物也不能成为创业活动的对象或客体要素，同时更不能耦合为完整有序的创业活动客体系统。还有一种观点是，由于创业活动的客体系统和各种因素都处于一个社会大系统中，因此，为了维持其与社会环境之间的动态平衡，这些因素都会随着社会历史的发展而发生变化。因此，无论是历史上还是现实中，没有一成不变的抽象的创业活动客体，只有变动的具体的创业活动客体。设想有普遍适用、千古不易的客体模式，是一种不切实际的形而上学观点。

(三)创业活动主体和创业活动客体的辩证关系

创业活动主体和创业活动客体，是创业活动大系统中的两极，它们的性质、结构和功能，正如上面所描述的那样，是完全不同的，完全相反的。无论何种创业活动，总是由特定的创业活动主体和与之对立的创业活动客体构成的。

但是，创业活动主体和创业活动客体之间除去上述对立的一面，还存在相互联系、相互制约和相互转化的关系。研究二者的辩证关系，可以从动态上把握创业活动的实质。

首先，创业活动主体和创业活动客体作为创业活动实体系统的两极，是以对方为其自身存在的条件，任何一方都不能离开另一方而单独存在。创业活动主体之所以居于主体地位，是因为存在着可供他们支配的客体；创业活动客体之所以成为被支配的客体，是因为必须追随、服从创业活动主体。如果没有创业活动主体，创业活动客体就无从谈起。没有创业活动客体，也就无法形成创业活动主体。可见，创业活动主体和创业活动客体之间是一种相互依赖的关系，二者的性质和地位是相互规定的。

其次，创业活动主体和创业活动客体之间又是相互作用、相互制约的。创业活动的主体对创业活动的客体起着作用，或说，创业活动的客体被创业活动的主体所限制，这是显而易见的，所以，创业管理活动往往被认为是创业者对创业组织的成员单方面、主动地施加的各种影响。实际上，创业管理活动绝不是创业活动主体对创业活动客体的单向行为，而是二者相互作用、相互制约的双向行为。在创业活动过程中，创业活动主体也受到创业活动客体的作用和制约，这表现为：第一，所有创业计划必须根据创业活动客体的现状做出，创业活动主体不能离开创业组织的现实情况来做计划；第二，创业计划的实施有赖于创业活动客体与创业活动主体之间的协调，特别有赖于作为客体的人与创业者的合作，如果创业活动客体不予配合，创业活动便无法开展；第三，创业者的行为不能是任意的，如果创业者任性妄为，一意孤行，就会出现各种形式的(公开的和隐蔽的)不合作行为。可见,创业活动绝不是创业活动主体单方面作用于创业活动客体的单向活动,而是创业活动主体和创业活动客体相互制约、相互作用的双向活动。创业活动不应仅仅理解为创业者的能动活动,而应理解为创业者和创业组织成员的互助合作活动。

最后,创业活动主客体的统一是具体的、历史的统一。创业活动作为重要的社会实践活动,是与人类历史相适应的。对于创业活动主体和创业活动客体的划分,也不是绝对的、不可能改变的。

第二章

大学生创新能力

第一节　创新思维
第二节　创新方法
第三节　创新能力开发与测评
第四节　网络时代的创新

创新能力，是指运用知识和理论，在科学、艺术、技术和各种实践活动领域中不断提供具有经济价值、社会价值、生态价值的新思想、新理论和新发明的能力。文明与进步的社会必须有大批优秀的创新者。我们要建立一个"人人皆可创新，人人皆可创业"的社会，就要有一个创新教育体系。创新教育指的是将学生的创新意识、创新精神、创新思维、创新能力或创新个性等创新素质和创新人才作为一种教育活动，让学生对事物产生一种持续的探索欲望。

第一节 创新思维

创新思维是一种具有开创意义的思维活动，一个时代的成功不是因为持续地对创业进行开拓，而是因为创业在创新中取得了成功。创新为我们带来了互联网和iPhone，带来了特斯拉电动车与华为手机，带来了社交网络与共享出行，带来了众包与众筹。创新为生活带来的改善无所不在，让我们享受由自己创造出来的人类文明。经过多年的研究，我们发现创新是有规律和方法的，创新来自创新思维与协同行动，二者实现了"知行合一"，并最终在市场中形成了价值。要理解创新思维，我们首先应当理解什么是思维。

一、认识思维

什么是"思维"？长期以来，心理学、哲学、认知科学和智能科学等领域的很多学者都先后研究和讨论过这个问题，如果把"思维"两字分开来看，"思"从字面上可以理解为"想"和"思考"，"维"从字面上可以理解为"序"或者"方向"。从字面上理解，思维就是按照一定的顺序想或者沿着一定方向思考，也就是说思维是有方向性的。

思维对于我们来说既熟悉又陌生，说其熟悉，是因为对于一个正常人来说，我们每天都在进行大量的思维活动；说其陌生，是因为思维是非常复杂的现象。至今没有人能清楚地说明什么是思维及思维活动的机制。

对于一般读者来说，可能并不需要了解思维在理论上的严格概念界定，只是想初步地认识一下思维。美国著名哲学家、教育学家约翰·杜威（JOHN DEWEY）曾在《我们如何思维》[①]一书中对思维由广义到狭义的四种含义进行了描

---

① ［美］约翰·杜威. 我们如何思维[M]. 北京：新华出版社，2010.

述，有助于加强我们对思维的理解。

(一) 凡是脑子里想到的，都可以说是思维

这是一种广泛的、不太严谨的说法。任何偶然的和随便的想法，如做白日梦、建立空中楼阁、闲暇无事之际偶尔漂浮过脑际的星星点点遐思，均被视为漫无定规的思维。在这个定义里，思维只是随心所欲、毫不连贯地想象。

(二) 思维是指我们对于自己并未直接见到、听到、嗅到、接触到的事物的想法

这一定义强调思维不应该像万花筒般的杂乱缤纷，而是要有一定的连贯性，但不强调环环相扣的严密逻辑。例如编故事，一个好的故事一般具有精彩的情节和巧妙的高潮，需要极具想象力的构思，这些构思往往会成为更为严谨的思维的前奏，但故事并不致力于获取知识或关于事实与真理的信念。

(三) 思维是立足于某种根据的信念

这种根据并非是直接感受到的事物，而是真实的知识，或者是被信以为真的知识。这种思维的特点是接受看来可信的事物或者拒绝看来不信的事物，以确定自己的信念。但信念所赖以确立的根据可能是充足的，也可能是不充足的。

(四) 思维是建立在某种经过检验的根据之上的信念

一个信念会给另一些信念和行动带来十分重要的影响。因此，人们应该认真考虑自己的信念。这就意味着思维要进入到更深的层次，这就是思考，思考一旦开始，就是一种自觉和自愿的思维活动。

现在来看一个生活中的小例子，仔细体会其中的思维活动。

在一个天气晴朗的日子，一个人独自出门走在路上，一边走一边想着另外的一些事情。忽然一阵风吹过，他感到一阵阴凉，他想到恐怕要下雨了，抬头一看，已经乌云蔽日，于是赶紧加快了脚步。在这个例子中，哪些活动属于思维活动呢？走路不是，感觉阴凉不是，抬头看天不是。这个人走在路上的时候，脑子可能在进行思维活动，他可能在想要到达的目的地或者要见的人，又或者他想的事物和这次出门没有关系，如外星人或者欧洲债务危机问题，又或者他什么都没有想，脑子一片空白等，这些思维活动都发生在他的头脑之中，外人无法判断。

但是他推测下雨,是一个可见的思维活动。这是一个下意识的推测,他可能都没有想为什么要下雨了。接下来,他看了看天,进而获得了乌云蔽日的信息,从而坚定了要下雨的信念,加快了脚步。

从这个案例可以看出,思维是人脑对客观事物一般特性和规律间接的概括反映,思维是以感觉为基础,以已经具有的知识为中介,开展的高级复杂的认知心理活动。

二、新颖的创新思维

从定义上来说,创新思维是一种具有开创意义的思维活动,它是以新的思维方式,提出不同于常规或正常人思维的观点作为指导,运用已有的知识和材料,在特定的环境中,按照理想化的需要或为满足社会的要求,对新的事物、方法、元素、路径、环境进行改进或创造,并能取得一定的有利效果的行为。

创造性思维就是运用新的、有创意的、有创造性的方法去解决问题。这种思维可以突破常规思维的限制,用超常规和完全反常规的方法和视角去思考问题,提出不同的解决方案,产生新颖的、独到的、有社会意义的思维结果。其本质是由感性追求向理性追求、由感性认识向理性思考的过程。

趣味故事

创新提高效率

某公司通过很多方法提高劳动生产率,管理层发现四个车间的劳动生产率提高到一个临界点,再提高非常难。怎么继续提高劳动生产率?有人出了个主意:分析这四个车间的员工构成。分析结果如下:第一个车间都是男孩,于是就调入了几个女孩,效率果然提高了。常有人说"男女搭配,工作不累"。第二个车间都是一些青年人,调入几个中老年人,老成持重,效率也提高了。第三个车间都是一些中年人,调入几个年轻人,从而有新鲜活力,效率也提高了。然而第四个车间男女老少都有,那么怎么提高效率?经分析发现这个车间都是本地人,于是调入几个外地人,都拼着干,效率就提高了。还是这么多人,还是原来这些人,只是把结构变换一下,这就是创新,创新提高了效率。所以,创新无处不在,创新就在身边。

创造性思维就像是黑暗中的灯塔,指引着人们朝着新事物的方向前进,尽可能地减少在创造性中的困惑和错误。人能够有意识地认识世界规律,创造科学知识,改造符号世界。人的整个人生都是一个学习和实践的过程,他在生活中体现了自己的人生价值,在工作中体现了自己的职业价值。创造力并非与生俱来,更非一小撮人才独有,而是一种技巧,如同驾驶汽车一般,需要经过不断的学习与练习,才能逐渐形成。学习和掌握创新思维,应从了解创新思维的典型特征开始。

三、创新思维的特征

创新思维的特征主要体现在三方面。

(一)对传统的突破性

创造性思考的结果就是创造。从创新思维的实质来看,它是一种打破传统、打破常规,开辟新颖、独特的科学思路,对知识、信念和观念进行升华,发现事物之间的新联系、新规律,从而实现突破的思维活动。可以说,突破是创造性思维的一个显著特点。

首先,突破是指创作者打破了原来的思维定式。创新思维需要人们在考虑问题的时候,自觉地将过去对相似问题的思考过程中所形成的思维方式和模式摒弃掉,将过去的思维方式和模式对寻找新的想法的影响消除掉,向那些默认的假设、陈腐的观点和固化的模式发起挑战,这样就有可能获得出乎意料的成功。

原有的思维框架对人们思考问题有很多好处,它能使我们省去许多摸索、试探的思考步骤,提高效率,但原有的思维框架不利于人们进行创造性思考。因此,无论是思考如何解决新问题,还是思考如何解决老问题,都需要人们跳出原有的思维框架,用新的思考程序和思考步骤进行试探和尝试。

其次,突破性还体现为突破已有的思维定式。任何一种思维方式,都有可能是一种"正确思维",这种思维方式,是在一定的时间内,从成功中获得的经验和教训中得出的。然而,在外部和内部的条件已经改变的情况下,还坚持"正确的"思维定式已经不能再起作用,而且往往会对创造性思维的形成起到负面影响。显然,如果不能打破固有的思维模式,就会陷入到原来的思维模式中,无法激发创造性的思考,无法获得新的成就。

最后,突破还表现为对已有物质、精神两种文明成就的超越。从对既有物质文明成果的超越来看,产品的更新就是科技研发人员在思想上敢于超越原有产品的结果。从超越既存的精神文明成果看,爱因斯坦突破了牛顿经典力学的静态宇宙观去思考,创立了狭义相对论。无论是狭义相对论的建立,还是哥白尼"日心说"的提出,牛顿"万有引力"定律的发现等,历史上重大发现或重要理论的提出无不体现了对既存的物质或精神文明成果的突破。

(二)思路上的新颖性

创新思维是以求异、新颖、独特为目标的。思路上的新颖性是指在思路的选择和思考的技巧上都具有独特之处,表现出首创性和开拓性。思路上的新颖性表现在不盲从、不满足现有的方式方法,需要更多地经过自己的独立思考,形成自己的观点和见解,突破前人成果的束缚,超越常规,学会用新的眼光去看待问题,从而产生崭新的思维成果。如果缺少独立自主的思考,一切都循规蹈矩、照章办事,就不可能产生新颖的思路,更谈不上创新。

(三)程序上的非逻辑性

创造性思维往往产生于超越逻辑的、出人意料的、违反常规的情况。因为它并不严密,也不能说得很清楚,所以,创造性的思考往往会省去很多逻辑推理的中间环节,而且有一种跳跃性。创造性思维的非逻辑性因为中间环节的省略而呈现出一种跳跃性,显得离道、神奇。有时,创造者自己对其也感到不理解。例如,当德国科学家马克斯·卡尔·恩斯特·路德维希·普朗克(MAX KARL ERNST LUDWIG PLANCK)首创量子假说[①]时,连他自己也感到茫然不知所措,甚至怀疑这个假说的真实性。计上心来、急中生智就是创新思维非逻辑性的典型表现。唐代大诗人李白被称作诗仙,他借酒助兴诗如泉涌。词作家乔羽在书房写作,抬头看见一只蝴蝶飞来,瞬间又飞去,这一现象触发了他的灵感,于是创作了著名的歌曲《思念》。

在创作活动中,常常要用到直觉思维的形式。事实上,许多伟大发现都使用了直觉思维的方式,当然这种非逻辑性的思维也是以丰富的知识和经验为基础的。需要指出的是,创新思维的过程,往往既包含逻辑思维,又包含非逻辑思维,是两者相结合的过程。

在创造性思维过程中,新概念的产生,常常是由"逻辑运算的停顿"到"思路的跳跃式"。这往往与直觉、顿悟、启发相结合,赋予创造性思考以非凡的预感和洞察力。

---

① 侯新杰,安淑盈,乔璨,等. 普朗克量子假说的提出和徘徊[J]. 中学物理教学参考,2013,042(010):45—48.

(四)视角上的灵活性

创新思维主要体现在：可以根据情况的改变来改变视角，可以从思维定式的负面影响中解脱出来，可以在不同的角度来看待相同的问题，可以在不同的角度上进行灵活的转换，可以对信息进行重新解释。它反对一成不变的教条，而要针对不同的对象、不同的条件，进行具体的分析，并将各种思想方法灵活运用。

创新视角是多种多样的，我们要学会转化视角。不同的视角会得出不同的结论。俗话说的"公说公有理，婆说婆有理"就是这个道理。换一个角度，换一种思维，或许一切都会有所不同，或许整个世界都明亮了。

每一次失败都包含着成功。一件失败的事，只需转换一下视角，就可能是一件成功的事。历史上有不少的新发明都是在犯了错误之后而"将错就错"的产物。在很久以前，德国某个造纸厂因为配方出错，造出的纸太油而没法写字。有位技师却用肯定的视角看待这件事，开发出了吸墨纸。还有一位发明家，他研制的高强度胶水生产出来之后黏性很低，他不认为是失败，于是沿着"黏性低"的思路造出了不干胶。

所以，当众人都在欢呼成功的时候，你采用"肯定视角"，那没有什么大的意义，而当众人都在叹息失败的时候，你能够采用"肯定视角"，这本身就是一种创意思考。

(五)内容上的综合性

创新活动既要立足于前人，又要综合运用别人的思想成果。科学和技术的历史已经多次证明，只有把人类思想的成果进行高度的整合，才能有更大的突破，更大的成就。在技术领域综合结出的硕果更是到处可见。据统计，松下电视机就是在综合了各国400多项技术的基础上发展起来的。因此，我们可以说综合就是创造。伟大的科学家牛顿曾说过："如果说我比别人站更高些，那是因为我是踩在巨人的肩膀上。"牛顿三定律就是在伽利略等的研究基础上完成的。

四、创新思维的构成

第一，生命思维，生命思维是所有创新思维存在的根本。生命思维就是在生命的过程中不断处理自身与自然之间的关系，在成长和发展过程中寻找生命的平衡点。除了生物意义上的生命思维，生命思维还表现在文明层面。工业化时代的教育愈发标准化与模式化，灌输统一而标准的价值观，将培养、塑造人才当作生产工厂产品,这是粗暴与欠缺人文关怀的。尊重每个个体的差异与存在的价值,并力求支持个人的自然发展,才是真正的生命思维的体现。

第二,批判思维。批判思维使人"辨真伪",人生来对真与伪、对与错存有好奇心,这种探究的好奇心使人类批判旧知识、旧事物,建立新知识、新事物,从而去伪存真,不断创新。批判思维是发现和找寻真理的路径,批判思维加速了各种推测论断的鉴别过程,加快揭示理论假设的局限性。总结来说,批判思维是人类的科学与文明得以进步的基石,也是我们在学习和思考中最需要磨炼的思维。

第三,设计思维。设计思维使人"定合分"。设计是人类按照自己的想法建构出符号世界,并且最终在物质世界进行创作的过程。人类处在世界之中,周围的所有人工物都是设计的结果,一个好的设计往往需要能够跳出已有的知识进行思考,当我们觉得一个设计使用了不同的路径,进行了不同的构思,达到了卓越的效果,那么这个设计就是一个创新的设计。

总之,设计思维让我们有能力按照自己的想法组合元素、设计人工物来达成想要的目标。设计思维是我们创造新事物所必备的思维,能够让世界因为我们有所不同,也是我们在日常接触到的思维中与创新关系最密切的。

第四,经济思维。经济思维让人"计盈亏"。要理解经济思维,首先我们应当理解货币的本质。货币是价值的符号体现,是物品价值的衡量方式。经济思维要让精神世界和符号世界通过价值和价格进行沟通。

企业家往往都具有很强的经济思维。一般来说,企业的目标是营利。企业家承担着不确定性的风险,也拥有享有分享盈利的权利。要保证利润,就必须保证企业从经营到生产的每个环节都尽量降低成本,并努力提高服务或商品的价值,而在此过程中,企业家个体运用经济学思维所作出的决定和判断起着关键作用。因此,创业者的回报并非来自对风险的追逐,而是来自对经济的思考,减少了不确定性。经济思维的培养离不开经济理论的学习与经济实践。

经济思维让我们理解"价值",是人在社会中获得生活必需品所必备的思维,也是企业家最重要的思维方式之一。在创新的过程中,它扮演着降低消耗、提高效率与效果的角色。

第五,美学思维。美学思维使人"知美丑"。被誉为"美学之父"的德国哲学家、美学家、教育学家鲍姆加登[1](ALEXANDER GOTTLIEB BAUMGARTEN)对美的

---

[1] 邵金峰. 鲍姆加登的美学思想[J]. 绥化学院学报,2013,33(5):7.

定义是：美学的目的是感性认识本身的完善。审美思维有别于批判性思维，是一种情绪化的思维，其意义在于人所获得的主观性感觉。人人生来爱美，美是人类真实生命的感受，混乱、毁灭、无序、造作都是美的反面。总体上来说，人的美感总是倾向于简单有序，并在秩序中富含变化。美学思维为创新带来了有序和规律。我们判断一件事物的美丑只需短短数秒，而简单有序的事物最容易让我们感受到美。当然，美也是富于变化的，这种有序与变化不断交替的关系使得美多姿多彩。

每个人对心中的美都有自己的标准，这种标准植根于个人的经历与认知，受周围的社会文化氛围所影响，也随着时间的推移新旧交替、不断改变。有时，一件事物不尽完美，但从感性的角度看，它却可能是完善的，正如常言道"情人眼里出西施"。谢冕[①]是这样赞美其母校之美的："北大这地方真有点特别，它似是一块磁铁，谁到了这里，谁就被吸住，再也不想离开。其原因并不在校园的美丽。北大现在的校园是很美，但在旧时，那校园说不上美。在战时在昆明，那校园竟是陋巷棚屋，是相当的残破了。但在北大人的心目中，它依然很美，依然是一块磁石，吸住你，想着它，恋着它，不愿离开。即使你走向天涯海角，北大依然牵着你的灵魂，占领着你的心。"美不仅在物，亦不仅在心，它在心与物的关系上面。

美学思维存在于我们日常生活的每个细节，从穿衣时尚、家居美食、诗词歌赋、美术舞蹈到科学真理，充满了美的领悟与创造，简洁明了、用语精练、优美雅致、朴素率真、精确无误、匀称美观，这类审美需要的满足，不但对工匠、艺术家或哲学家是价值，对于数学家和科学家也同样是价值。

第二节 创新方法

如果说创新活动是一条河流，那么方法与技术就是桥梁与船只，可以说，方法与技术远胜于内容与事实。随着现代科学的兴起，特别是20世纪以来，重大科学发现与思想、方法、工具等方面的革新越来越紧密地联系在一起。据统计，从1901年诺贝尔科学奖设立以来，其中有60%～70%是由科学观念、思维、方

---

① 谢冕．一百年的青春[J]．北京文学，1998(11)：107－108．

法和手段上的创新而取得的。

一、创新方法的作用

创新方法指的是，创造学家在搜集了大量的成功的创作和革新的事例之后，对这些事例进行了研究，并对这些事例进行了归纳、分析和总结，从而得出了可以供人们学习、借鉴和模仿的规则和方法。也就是说，创新方法是指创造学家根据创新思维的发展规律，总结的一些原理、技巧和方法。它的功能表现在：①能够对人们的创造性思维产生启迪作用；②应用创新方法可以直接产生创新成果；③能够提高人们的创造力和创造成果的实现率。

二、创新方法的发展历程

在人类发展早期，由于没有科学理论和科学试验仪器，人们从事发明创造活动所采用的方法主要是效率极低的尝试法。"神农尝百草，日遇七十毒"，便是尝试法的生动写照。上古时代，五谷和杂草长在一起，药物和百花开在一起，哪些粮食可以吃，哪些草药可以治病，谁也分不清。于是神农尝百草，每天中毒70余次，为黎民百姓找到了充饥的五谷和医病的草药。这是一种效率极其低下也十分危险的方法。

第二阶段是试错法。试错法是在解决问题和获取知识的一种普遍做法，它是指在现有的经验基础上，采用一种有计划的或随机的方法，对所有可能的结果进行试验。在试错的过程中，选择一种可行的解决方案，对所要解决的问题进行验证，如果失败了，则再选择一种可行的解决方案继续进行。整个过程在其中一个尝试解法产生出正确结果时结束。当问题相对来说比较简单或求解范围比较有限时，试错的方法有一定效果。如果对一个复杂问题进行试错则效率很低，代价很大。总之，试错法非常单调、乏味。多年来，人类一直在使用"试错法"，通过不断的尝试，才能获得成功，但这并不是一种固定的方法，也不是一种可以教给别人的方法。应该说，直至今天，试错法仍然是创新活动中经常使用的方法，为找到一个需要和有效的解决方案，要做大量无效尝试。青蒿素的发现也来自试错法。

第三阶段是现代创新方法。在漫长的人类发展历史上，曾产生过无数的创造发明和创新技术，涌现过无数的科学家、发明家。他们的创新实践、创新经验和所取得的丰硕成果对后来的创造者具有重要的借鉴意义，而创新方法正是从前人成功的创造经验中总结出来,并被用于实践而得到证实的方法。

各种创新方法的运用,对推动创造活动的开展有着十分广阔的应用价值。它能根据一定的科学规律启发人们的创造性思维,开发人们的创新能力,指导人们怎样去创造发明,指出一条创新成功的捷径,它可以使人们的创新实践少走弯路和不走大的弯路,越过创新障碍,顺利到达创新的目的地。

三、创新方法的分类

创新方法已被越来越多的人重视,也被越来越多的人总结和完善,诞生了不少创新方法。有的文献称目前创新方法已有340多种;还有的文献记载,目前世界上创新方法至少已有1 000余种。常用的创新方法分为七大类:设问型创新方法、组合型创新方法、列举型创新方法、类比型创新方法、思维导图创新法、发明问题解决理论(TRIZ理论)和智力激励型创新方法。

(一)设问型创新方法

趣味故事

精确书签

读者在合上书本之前他们会把书签(通常是一张长方形的纸或一块布)放在上一页上,这样可以帮助他们更快地找到下一页要看的那一页。然而这种简单书签只能帮助记忆页面,读者不得不重新阅读一整页来寻找之前阅读到哪一段落。那么,怎样解决这个问题呢?

于是,有人对传统的书签进行改进,改变原书签的形状,增加了功能,借鉴了测量水位温度的水温尺的设计,发明了"精确书签"。这种书签由长条矩形塑料制成,在书签顶部有一"U"形切口形成的夹板,用以将书签固定在书页上。此外,这种书签还有一片塑料指示条,指示条上下部有两条水平切缝,书签主体以编织的方式穿过。通过这样的组合,指示条可以在书签主体上面上下移动。而指示条上的两条水平切缝的两端向内弯曲,有助于增加摩擦力,将指示条固定在指定的位置。当你读到某一页的时候,你可以把这个书签插在书的最上面,然后把它拉到最下面的一行,这样你就可以在下一次阅读的时候,找到正确的那一段。

实践表明,只要能找到问题并提出问题,那么就是成功的一半。设问检查法是指对要进行改进与创新的事物展开、分析、综合,以确定问题的性质、程度、范围、目的、理由、场所、责任等，进而将问题具体地表现出来，以缩小需要探索与创新的范围。设问检查法其实就是给出一份提问的清单，将需要解决的问题逐一进行对比检查，希望能够从各个角度对其进行比较系统周密的思考，从而寻求更好的创新方案。目前，创造学家已经总结出了许多各具特色的设问检查法，如奥斯本检核表法、和田十二法等。

(二)组合型创新方法

组合型创新方法是指按照一定的技术原理或者功能目的，将现有的科学技术原理、现象、方法、物品做适当的组合或者重新安排，从而获得具有整体功能的新技术、新产品、新形象的创造方法。"组合就是创新"是创造学的一条基本原理。组合创新的特点：①有多个特征组合在一起；②所有特征相互支持、补充，共同改善、强化同一目的；③一定要产生新效果，达到"1＋1＞2"的飞跃。形态分析法和信息交合法是比较典型的组合型创新方法。

(三)列举型创新方法

列举是人类思维活动的一种表现方式，将事物各个方面的属性都列举出来，形成一定的数量，对新的概念的生成有帮助，与此同时，还可以根据所列举的事物的性质和特征，归纳出一些不常见的概念。一般人在处事时，对平常熟悉的事物不太会再去认真仔细地分析观察，这在主观上就有了感知障碍，使之不能全面深入地考察问题。列举法则不同，它是指对一个熟悉的事物，一丝不苟地再观察，每一个细节深入分析并找出存在的问题、提出改进的建议和希望，从而产生新的创造。常见的分析列举创新法有属性列举法和缺点列举法。

(四)类比型创新方法

事物之间的关系具有普遍性，它使我们的思想由已知走向未知，由陌生变为熟悉。在这个过程中，我们大脑中所发生的联想与类推的过程，可以被认为是一种普遍的联系在思维中的表现。很明显，发明创造所追求的是一种新颖、未知的事物，它应当是一种让人们暂时感到比较陌生、不了解的东西，所以，需要借助已有的知识和经验，或借助其他已经熟悉了的事物作为桥梁，获得借鉴和启迪。这就是类比在创新中的非凡作用。广泛的兴趣、广博的知识、灵活的思维是有效运用类比进行创新的必要条件。典型的类比创新方法有综摄法和模拟法。

(五)思维导图创新方法

思维导图是一种通过插画、图形、图表、表格、关键词等把信息传达出来，将人们的想法画出来，帮助人们有效地分析和理解问题、寻求解决问题方案的思考方法。思维导图是一种有效的整理思路的方法，可以通过这种方法把大脑中的信息提取后，用图画的方式表达出来；运用这种思考法，可以把许多枯燥的信息高度组织起来，遵循简单、基本、自然的原则建立起记忆链接，协助人们在科学与艺术、逻辑与想象之间平衡发展，从而开启人类大脑的无限潜能。

趣味故事

图像语言的创造力

文艺复兴时期的创造力大爆炸是与平行的语言中所记录和传达的丰富知识紧密相连的。这种语言是绘画、图示和图表，如伽利略(GALILEO)和达·芬奇(LEONARDO DA VINCI)著名的图表。伽利略通过用图解、图示和绘画表示他的想法，给科学带来了一场革命。而与他同时期的人却仅仅知道使用传统的数学和语言方法。他描述天体运行的图示时呈现出了一个深刻的视觉逻辑，其包含的认识远远超过他同辈人的成就，改变了科学史。达·芬奇也同样使用绘画、图示和图表来抓住信息、构建问题和解决问题。达·芬奇在其笔记本中使用了大量的图像、图表、插画和各种符号来捕捉闪现在大脑中的创造性想法。这种思考方法正是使他在艺术、哲学、工程、生物等领域获得成功的原因。他的笔记本的核心部分就是图像语言，而文字相对来说处于次要地位。

(六)发明问题解决理论(TRIZ理论)

简单来说，发明问题解决理论就是依照技术进化理论，指导人们循序渐进地进行创新思维的方法。学界对近代TRIZ理论的研究主要集中在三点上。①无论是一种简单的产品，或者是一种复杂的技术体系，它的核心技术在其发展演化过程中，都会按照一种客观的规律进行演化，也就是说，它有着一种客观的演化规则和规律。例如，手机从单色屏到彩屏，从按键输入到语音输入、触屏输入，从图形化界面到动画界面。②各种技术困难、冲突和矛盾的不断解决是推动这种进化过程的动力。即当一个技术系统的进化完成四个阶段后，必然会出现一个新的技术系统来替代它，如此不断地替代。如气垫船的进化过程是按照"划艇—帆船—轮船汽船—水翼船—气垫船"不断进化的。③技术系统发展的理想状态是用尽量少的资源实现尽量多的功能。例如,手机从按键输入到触屏输入,实现了资源利用的最优化。

(七)智力激励型创新方法

智力激励型创新方法又叫头脑风暴法,是由美国创造学家亚历克斯·奥斯本(ALEX FAICKNEY OSBORN)于1939年首次提出,并于1953年正式发表的一种激发思考的方法,因此他被称为"头脑风暴法之父"。奥斯本在研究人的创造力时发现,正常人都有创造潜力,都有可能产生创造性的设想,而创造力的开发和创造性设想的提出,可以通过群体相互激励的方式来实现,因此群体原理是该创造技法的理论基础。

这种方法的特征在于,它以一种与传统会议完全不同的方式来召开主题会议,并将一些基本原则和特殊规定付诸实施,为参与者营造出一种积极思考、自由联想、积极创新的独特氛围,进而可以充分地将团队的智慧进行利用,最终获得数量多、面广、质量好的发明创造构想。集体的智慧,并不是个体的简单相加。由于在团体中,人的思想能互相激发,达到思想共鸣;人们的设想可以相互补充、相互促进,做到连环增值。一些科学测试证实,在群体联想时,成年人的自由联想可以提高50%或更多。国外有人对38次智力激励会提出的4 356个设想进行分析,结果表明其中有1 400条设想是在别人的启发下获得的。

趣味故事

电线除雪

这一年美国北部天气异常寒冷,下起了鹅毛大雪,输电线路上覆盖着厚厚的雪,有的线路甚至因雪而断裂,对通信造成了很大的影响。很多人尝试过,但是都没有成功。随后,该公司决定使用奥斯本提出的头脑风暴法,尝试一下。公司组织了一次专题讨论会,邀请了各方面的专家。在开会之前,每个人都学习了头脑风暴法的四项基本原理,接着就是各抒己见。有些人提议,要设计一个特殊的钢丝除雪器;有的人想出了利用电力来加热融化冰块的办法;也有人建议用振荡技术来清除积雪;还有人提出能否带上几把大扫帚,乘直升机去扫电线上的积雪。对于这种"坐飞机扫雪"的想法,大家心里尽管觉得滑稽可笑,但鉴于基本原则,在会上也无人提出批评。一名工程师听到了用飞机扫雪的想法后,他想到了一种新的办法，那就是在雪地里，让直升飞机在雪地里的一根电线上盘旋，然后利用螺旋桨的力量，将上面的雪吹掉。他马上提出"用直升机扫雪"的新设想，顿时又引起其他与会者的联想，有关用飞机除雪的主意一下子又多了七八条。不到一小时，与会的10名技术人员共提出90多条新设想。

会后，公司组织专家对设想进行分类论证。专家们认为设计专用清雪机、采用电热或电磁振荡等方法清除电线上的积雪，在技术上虽然可行，但研制费用大，周期长，一时难以见效。因"坐飞机扫雪"而激发出来的几种设想倒不失为大胆的新方案，如果可行，将是一种既简单又高效的好办法。经过现场试验，发现用直升机扇雪真能奏效，一个久悬未决的难题终于在头脑风暴法中得到了巧妙的解决。

第三节　创新能力开发与测评

随着创新型国家体系建设的不断深入，创新创业教育面临着新的挑战，需要培养大量具有创新精神、创业意识和创新创业能力的创新创业人才。

一、创新能力的内涵

创新能力也称创造力、创造商数（创商），英文称作"CQ"，即英语"Creativity Quotient"的简称。它是一个人的能力智商，与智商（IQ）和情商（EQ）一起构成人类的三大商。创新能力一般包括创新意识、创新思维、创新知识、创新人格等多个方面，而所有这些方面表现出来就是，"面对任何未知的问题、未知的领域，有勇于尝试的冲动，有不断探索、勤于思考、善于发现并提出问题，求新、求异的兴趣和欲望"。[1] 创新能力指的是每一个正常的人或者群体，在一个支持的情况下，利用自己所知道的信息，去发现新的问题，并去寻找答案，并且创造出一种新颖而独特、具有社会价值或个人价值的物质或者精神产品的能力。"创新能力"用通俗的话说，就是能够发现并解决新问题，提出新想法，创造新事物的能力。

创新能力是人类特有的一种综合性本领。《创造学》认为，创新能力是人人皆

---

[1] 赖云莉，付美艳. 浅谈大学生创新素质的培养[J]. 教育与职业，2007(30)：2.

有的一种潜在的自然属性，即人人都有创新能力，但它是隐性的，因此人人都具有开发的潜能。① 在我国古代，孟子就有"人人皆尧舜"的说法，这可谓是"创新能力人人皆有"的一种朴素思想。我国近代教育学家陶行知先生曾说："处处是创造之地，天天是创造之时，人人是创造之人。"②

同时，通过对大学生进行科学的教育与培训，可以持续地激发大学生的创造力，把大学生的潜在创造力转换成显性创造力，从而使大学生的创造力得以持续提升。一些所谓"无创新能力"的人，其实他们并不是真的没有创新能力，而是其创新能力没有得到应有的开发。只要进行科学开发，人们的创新能力是完全可以被激发并转变为显性创新能力的。

二、创新能力的构成

创新能力是人类大脑思维功能和社会实践能力的综合体现。因此，可以说"创新能力是人们进行创造性活动的心智能力与个性素质的总和"。美国创造心理学家格林提出创新能力由10个要素构成，即知识、自学能力、好奇心、观察力、记忆力、客观性、怀疑态度、专心致志、恒心和毅力。

我国学者提出了如下创新能力的表达公式：

$$创新能力 = K \times 创造性 \times 知识量$$

式中 K 为一个常量，在式中亦可视为个体的潜在创新能力；式中的创造性主要包括创造者的创新人格、创新思维、批判性思维及其所掌握的创新方法的总和。

国内学者还提出创新能力由智力因素和非智力因素构成。在这当中，智力因素包括了视觉觉察能力，也就是观察力、记忆力、想象力、直觉力、逻辑思维力、辩证思维力、选择力、操作力、表达力等。非智力因素包括创造力、好奇心、挑战、自信、毅力。

因此，开发创新能力的途径是：在掌握大量知识和经验的基础上，塑造创新人格、开发创新思维、培养批判性思维、掌握创新方法，并将它们应用于解决问题之中。

---

① 庄寿强. 创造学基础[M]. 徐州：中国矿业大学出版社，1990.
② 陶行知. 创造宣言(节录)[J]. 基础教育(重庆)，2005(1)：1.

三、创新人格

所谓创新人格，又被称作"创造性人格"，它是一种主体在后天的学习活动中逐渐培养出来的，它在创造活动中展现并发展，它对人的成长以及对创造成果的产生具有指导和决定性的影响，它是一种优秀的理想、信念、意志、情感、情绪、道德等非智力素质的总称。

创新人格对个人的成才，对创造活动的成功和创造成果的产生能起导向作用、内在动力作用、长期坚持最终成功的作用。在科学和艺术史上，有一类重大成果需要创造者数十年的奋斗才能够获得。在这一类长时间的创造过程中，持之以恒、坚持到底的创新人格对创造活动起到了促使它最终成功的积极作用。

发明大王爱迪生只上了3个月的小学，但他和他的团队取得了1 320多项发明专利，应该说他的学术不够渊博、知识不够丰富，他的成功很大程度上取决于他非凡的创造性人格。他为发明电灯泡，在寻找合适的灯丝材料时先后做了6000多次试验，正是这种敢于挑战、不断尝试、坚持到底的创造性人格为他的千余种发明取得成功奠定了基础。

四、创新能力测评

20世纪50年代吉尔福特和其他一些心理学家认为，智力测验无法测出个体的创造力，创造力评价还需采用其他独立的测验手段。创新能力的测评就是为了确定一个人的创新能力而采用的科学方法，是对人们的创新能力进行测量和评价的过程，是一项非常有意义的工作。

到目前为止，虽然国内外学者已经开发出了十多种创新能力测评的方法，但是尚无一种公认、客观且适合各类人才的测评方法。这些方法大多面向以下几个方面：创新人格测评、创新能力倾向与行为测评、创造性产品的特征测评，以及培养创新能力的环境属性测评等。

从总体上讲，以学生为导向的创新能力评价，可以分为两种：一种是在课前进行的试探性测评，另一种是在课中进行的阶段性测评。无论是试探性测评还是阶段性测评，都需要采用现有的较为成熟的创新能力测量方法和量表工具，以反映学生创新能力的实际水平。

创新能力测验典型方法主要有南加利福尼亚大学发散性思维测验、托兰斯创造性思维测验、芝加哥大学创新能力测验和普林斯顿法等。

（一）南加利福尼亚大学发散性思维测验（THE UNIVERSITY OF SOUTHERN CALIFORNIA THINKING TEST）

美国南加利福尼亚大学吉尔福特及其同事开发出一系列的发散思考测验，测验的项目有：词语流畅性、观念流畅性、联想流畅性、表达流畅性、非常用途、解释比喻、用途测验、故事命题、事件后果的估计、职业象征、组成对象、绘画、火柴问题、装饰。其中，前10个问题以语言来回答，后4个问题以图像来回答。

该测验适用于中学水平以上的人，主要从流畅性、交通性和独特性上记分。例如，"组成对象"就是让学生用圆圈、矩形、三角形、梯形等简单图形来描绘所要表达的东西。当你绘制一个对象时，你可以反复利用其中的任意一个对象，并且可以修改对象的尺寸，但是不能增加其他的对象。又如"火柴问题"，是要求移动指定数目的火柴，形成特定数目的正方形或三角形。

（二）托兰斯创造性思维测验（TORRANCE TESTS OF CREATIVE THINKING）

这一类型的测试是美国明尼苏达大学的心理学家托兰斯发明的，因此也被称为"明尼苏达创新测试"。托兰斯的创造性思维理论认为，创造性思维是创造性的核心，它包括了流畅性、灵活性、独特性和周密性等多方面的特点。所以，创造性的测试可以侧重于对创造性思维的上述特点进行测试。

托兰斯创造性思维测验通常由三套试卷、十二种测试题型或分测验组成。

第一套为词语（文字）测验，有七类试题（或分测验）。一至三类为提问和猜测，第四类为物体改进，第五类为用途变通，第六类为非常问题，第七类为假设推断。

第二套为图形测验，有三类试题（或分测验）。第一类为利用给定的图形（彩色片）添加内容，画出有趣的故事；第二类为利用给定的简单线条和图形组构物体略图；第三类为利用给定的平行线段或图形画出各种图画。

第三套为有声音刺激的言语测验，有两类试题（或分测验）。第一类为声音想象，第二类为象声词想象。这套测验需用录音、录像提供提示语和声音刺激。

托兰斯创造性思维测验适用于各种年龄的儿童和青年，包括幼儿园的儿童到研究生。这类测验自20世纪50年代后期问世后，被世界各地创造学研究者广泛应用，已报道的有关应用成果有2 000余种。

(三)芝加哥大学创新能力测验(CHIEAGO UNIVERSITY TEST OF CREARIVITY)

这个测试是由芝加哥大学的心理学家盖泽尔斯、杰克逊以及其他一些人基于吉尔福特关于年轻人创造力的理论,于1960年代开发出来的。本测验共分五项,分别为:词语联想测验、用途测验、隐蔽图形测验、完成寓言测验、组成问题测验。

许多研究表明,智商与创新能力分数之间的相关性低,但是是正相关的。也有研究表明,智商和创造性的相关性取决于创造力测试的性质,某些创新能力可能需要更高的智力,而其他创新能力则不需要更高的智力。虽然对于智力与创造力之间的关系仍有分歧,但更多的共识是,高智商并不一定意味着有很强的创造力,而智商水平低的人在创造力方面的得分一定会很低。

许多心理学工作者也研究了创造性和实际创作作品之间的关系。瓦拉奇等以500名大学生作为测试对象,发现思维的流畅性和创造作品之间有明显相关性。思维流畅性能够预测许多领域中的成就。

(四)普林斯顿法(PRINCETON LAW)

美国心理学家普林斯顿创意人才研究中心总经理尤金·劳德塞,在对具有创造性的科学家、工程师和商业管理人员进行了数年的研究后,设计了一套"你的创新能力有多大"的简单的测试。测试包括50个句子,句子不复杂,也不故意"捉弄人"。回答应尽量做到准确、坦率。每一句后面用一个字母表示对这一提法的同意或反对的程度:同意用A表示;不清楚用B表示;不同意用C表示。最后,根据所选答卷数据,对被测者的创造力水平进行了测试。一个人在10分钟之内,就可以看出他有没有创造力。当然,如果需要慎重考虑一下,适当延长试验时间也不会影响测试效果。比如第一题是,我不做盲目的事,也就是我总是有的放矢,用正确的步骤来解决每一个具体问题。

总体而言,典型的创新能力测评方法,一方面能够根据测评结果,对个人的创造性人格特点、创造性思维倾向等方面的人格和行为特征进行考察,这对反映出个人现实中的创新能力特质和水平是有利的;另一方面,评分结果有一定区分地呈现出不同个体的创新能力水平和特征,有利于相关教师、研究人员根据个体的实际特点,有针对性地开展教学、实践训练和研究活动。此外,面向创新能力发展教学全过程的综合阶段性测评,还能在一定程度上反映本阶段个体创新能力发展的实际效果。

第四节　网络时代的创新

创业是人生中知行合一的历程。新创企业的战略决策、市场应变、团队领导、业务实施，每一个环节都需要创业者思考与决策。创业者要成就自己的人生事业，必须先有创业的性格；要塑造创业的性格，必须先有创业的习惯；要形成创业习惯，必须先有创业的态度，创业态度源于创新的思维与价值观。

一、培养创新者的习惯

如果你已经做好了成为一名创业者的准备，那么我们建议你养成以下这些良好的习惯，虽然不能保证你在创业的道路上一帆风顺，但至少可以避免你在错误的道路上迷失方向。

（一）积极主动

自我意识、想象力、良知、独立意志是人类的四大天赋，也是职场人士应具有的重要资源。唯有通过使用高效思考架构，才能把资源转换成成果。

（二）以终为始

以终为始是一个人应有的职业习惯。以终为始的基础是想象力——设想的能力、看到愿景的能力、用你的大脑去创造那些你用肉眼看不到的东西。以终为始意味着，在每一天、每一项任务、每一项计划开始前，你必须对自己的目标有一个明确的想法（也就是远景），然后，你就可以把所有的积极因素都用上去实现它。任何机构和单位都需要具有以终为始素质的职业人。机构愿景或者企业愿景有赖于具有个人愿景的人去落实。

（三）要事第一

什么事应该先做，什么事可以推迟，用什么标准来评判？如何专注于你认为最重要的事情？一般情况下，紧急事情优先处理。其实，我们应当明白，在很多时候，越是要紧的事情，越是不急迫的事情。通过区分分类重要而紧迫、重要而不紧迫、不重要而紧迫、不重要也不紧迫四类事情，把重要的事情提前做好，才能避免减少紧迫的事情。

（四）多赢思维

多赢思维是在一切人际交往活动中不断寻求互利的一种思维模式。怎样才能让你与他人建立起互信呢？你的同事是否真的希望与你共享？跨部门合作的目的是为了利人利己吗？对此，每家企业都应予以慎重的思考。人人都应意识到，双赢的品质，对建立一个健康、融洽的人际关系至关重要。多赢的个性特征包括真诚、成熟和感恩。任何成功的企业都会散发出"多赢"品质的光辉。

（五）知彼解己

高情商员工的特点是什么？最核心的便是要做到知彼解己。将自己的观点强加在别人身上，这是人们普遍存在的缺点，这也是导致一个组织缺少执行能力的一个重要原因。每个人都应该养成一种习惯，那就是倾听，以便获得理解。另外，要知道，倾听并不是用来回答的，而是用来了解别人。

（六）协作增效

协作增效又称统合综效。协同效应是一种具有建设性作用的合作，意味着你能与他人共同创造一些个人单干达不到的业绩。协作增效的实质是重视差异、尊重差异、发挥优势、弥补劣势。人们一旦经历了真正的统合综效，就不会再放弃。在你能充分利用他人的优势之前，首先要承认和尊重他们之间的差别，但是，重视他们之间的差别，并不意味着完全地接纳和认可，而是要让大家明白"有分歧才有收获"的道理。

（七）不断更新

不断更新，是指在四个基本生活方面（生理、社会、情感、心智及心灵）不断更新自己。这样做可以提高执行上面六条的效果。对于一个组织来说，持续的习惯可以带来远见，更新及不断地改善使组织不致呈现老化及疲态，并迈向新的成长之径；对一个家庭而言，在日常生活中，生活习惯的更新将会使个人与家庭在日常生活中的行为更加有效，从而使家庭在日常生活中持续改变。"持续更新"指的是要我们学会去学习，并且要进行自我批评，要从上面四方面来进行总结，不能只是停留在做完一件事后才开始总结的程度，因为这样是远远不够的，要全面地反省自己，提高自己的素质与素养就是提高整个人，提高之前所说的六个习惯，这是相互促进的。

（八）发现内在的声音

心声位于心中，而围绕它的是天赋才能、热情、需求以及良知。如某项工作能开发你的天赋、才能、唤起热情，而且世界也需要，良知也促使你去行动，那么你的心声、你的召唤、你的"灵魂密码"就在那里。寻找我们天生潜在的内心声音。尽管它还没有被发现，但它已经埋下了一颗种子。然而，如果我们不坚定地去做，大多数的研究还是处于一种空白的状态。每个人都有极大的内在潜力，我们应该积极运用、开发天赋、才能，这样收获就会增加。

二、建立互联网思维

没有网络意识的创业者，如何为客户创造价值？互联网思维是用符合网络发展规律的方式去思考的。互联网思维建立在网络时代的社会关系与价值观之上。互联网思维包括七方面：开放、平等、互动、协同、分享、进化、向上。

互联网的价值在于其开放。一个人、一个企业、一个国家，都必须开放才能够将自己的优势发挥出来，也只有开放才能引入外部的优势。互联网的价值与节点的平方成正比。开放的体系才具有正的外部性。在互联网社会中，相对于传统的大众传媒体系，开放传媒体系的运作成本较低。所有的"商人"都间接地参与了生产活动，因为，由于生产活动的目标是消费，因此，只有当商品被交付给消费者时，它才算是真正地结束了。在互联网社会中，信息媒介把服务传递给用户，从而使服务得以实现。新媒体提高了信息传播与符号加工的速率，并在经济社会中对服务行业造成了时空效应。在时间域中，由于加速了计算和传输，经济运行的交易速度得到了极大提高，从而提高了使用信息化的组织的人力资本和劳动生产率；在空间上，人们以信息通道的方式跨越了实体的距离，从而减少了市场的交易费用，同时，服务边界也不再局限于空间。

互联网的平等在于其不存在一个强制的中心。互联网是自组织形成的，没有中心节点，也不是一个层级结构。互联网协议的设计也基于双方的对等关系，虽然网络协议平等，但是互联网经过演化形成了非均质的连接资源分布。关系形成的协议的平等不能保证结果的平等。

网络的另一个重要特征就是交互，通过移动互联网，人们可以准确地计算出每个个体的经济规模，也可以准确地计算出每一次点击和每一笔交易的收益。互联网实现了"人人为我，我为人人"。每个人既可以当买家，也可以当卖家。随着一个又一个由社会网络构成的服务市场代替了商品市场，成为人们活动的主要方式，此时，交易活动更多的是信息的传递，而不再是货物的传递。与此同时，处在网络社会中的经济组织，无论是其外部环境还是内部结构，都在以更快的速度演变着，新的交互形式也给经济组织带来了变化，同时，组织的外部条件也被新的技术、其他经济活动者以及新的市场模式所代替。目标的合理性、适应性在组织的内部结构体系中不断地被重新定位。在商品经济中，人与人的社会价值关系以商品交换的经济关系为主，而在商品交换的经济关系之外，网络社会还将合作活动作为载体，将文化、感情、道德等精神关系用明确符号的形式表现出来。在经济运作过程中，与之相伴的是自私、贪婪、恐惧、快乐、尊重、满足等情绪的沉淀，从而扩大了人们的记忆，影响了以后的行为。

　　互联网的发展依靠各方协同。网络的协同是参与者在自愿的基础上不依赖于行政命令而自愿共同合作完成一项活动。传统思维会认为一个人得到的越多，另一个人得到的就会越少；自私的人比无私的人更少考虑他人。但这种假设在网络社会已经难以成立。协同作用可以理解为调和解决自私与无私，或者利己与利他这一矛盾的办法。网络是一个开放性的网络，每个人都在为自己谋福利的同时，也会有意无意地为别人谋福利。同样，个人努力助人或乐善好施的同时，也自然而然地因之受益。协同活动的本质是人力资本与社会资本的互投资，即个人在合作活动当中都付出了时间，也得到了更多效用。一个网络社会资本受其规模和个人拥有的资本量的影响。网络让每个人拥有了比过去更多的渠道，因而能够更好地预测未来的不确定性。有了互联网，企业就能节约更多的人力资源，个人就能从网络获得更多的信息。信息、影响力、社会信誉、支撑效应等是社会资本与经济资本以外的作用的解释。在互联网中，云计算、资源平台、共享服务等理念都反映出了协同的文化，从而达到了资源的大规模节约和帮助的双赢。

　　互联网形成了一种分享越多得到越多的文化。由于人力资本不同，价值判断不同，协同活动当中个人所付出的和所得到的不会均等。互联网的创新行为是创造性的劳动，这提升了生产力，节省了大部分人的时间。为什么在没有商业利益的情况下，也有人愿意在网络上分享信息和知识，让其他人搭便车？这似乎与经济学当中理性人的假设矛盾。在网络上人们贡献其知识时，自然认为增强了自己的专业声誉与获得服务的机会，所以在不预期他人承诺回报的情况下也有很多网络经验分享的事件发生。

互联网自然形成了一个进化的生态，互联网在环境改变的情况下表现出很强的适应能力。互联网企业并不是大者生存，而是适者生存。新创企业意识到更适应社会环境的基因突变，这种不被成熟企业认可的突变往往是其独特的差异化优势。通过持续的原型反馈和版本迭代，可以获得迅速的成长。这个演化过程并非预先规划，而是随机应变的。

互联网的发展历程表明，其进化是不断向上的。互联网创业已经从技术主导经过商业模式主导，发展到文化主导。互联网的成功创业者不但对网络科技有前瞻性的理解，而且坚持正能量的价值观。从社交到尊重，到自我实现，这是社会文化整体不断向上的表现。拥有众多用户的互联网企业承担着更多的社会责任，比如谷歌提出的"不作恶"公司原则，阿里巴巴倡导的"让天下没有难做的生意"，Facebook（即现在的 Meta）始终坚持的"表里如一"的社交准则。这些企业都是在创办之初就坚信着自己的理念与价值观，顺应了互联网向上发展的大趋势。

典型案例

开源代码软件影响下的 Facebook

Facebook 早期成功的一个关键因素是利用了开源软件。最初它的数据库是开源且免费的 MySQL，后来起用的 PHP 是一种特殊的编程语言，也是不收费的。这种网站开发的语言能控制 Facebook 网页的运行方式。实际上，像这样没有投资方支持的自下而上型的网络经营此前并不多见。在 2004 年，开源网站运行软件才刚刚发展成熟，没有这类开源软件，扎克伯格不可能在自己的寝室里创建一个特色鲜明又多样的网站，并且在运行网站时只有服务器一项费用支出而已。即使拥有了 10 万用户，公司真正的运营成本也仅仅产生于服务器和员工薪酬。

第三章

大学生创业基本素质

第一节　创业意识确立
第二节　创业素质提升
第三节　创业能力培养

创业是一个越来越被世界各国所关注的全球性问题。每个人都有创业的愿望，但谁更合适、谁更优秀，这就不是每个人都知道的事情了。其实，不管你是要创业，还是要找工作，有些品质是必须要有的，尤其是创业者。创业是一项非常具有挑战性的社会行为，一名想要获得成功的企业家，应该拥有创业者所具有的独特的创业意识、创业素质、创业能力，这三方面组成了一套完整的创业基本素质的框架。只有增强了创业意识，提升了创业素质和能力，才有可能在创业过程中获得成功。

第一节　创业意识确立

创业是一项具有现实意义的社会实践，它不可能是无中生有，也不可能是无的放矢。创业意识是一种企业家精神的引领，它是一种强烈的内在动力，它会促使人们采取一定的方式来进行创业，朝着自己设定的目标不断迈进，并努力达到这些目标。当前，在科技进步、劳动力生产率提高的背景下，经济发展对就业的吸纳力将逐渐减弱，就业差距将越来越大。鼓励大学生自主创业，不仅可以解决他们自己的就业难题，还可以为社会拓宽就业渠道，满足他们自我价值实现的需求。为此，要增强大学生的创业意识，以更好地适应社会和时代发展的实际需求。

一、创业意识的定义及构成要素

（一）创业意识的定义

意识是人的精神活动中最主要的一部分，它是感觉、思维等各种心理过程的总和，是人们在社会中对客观事物的主观映象。在马克思主义看来，意识活动具有能动创造性，人们不但可以描绘和复制当前的对象，还可以从感性经验中抽象出事物的本质和规律，从而形成理性认识，并利用这些认识来引导自己有计划、有目的地对客观世界进行改造。

创业意识是指在社会需要与自身成长需要共同作用下，个体所具有的一种主动的创业意愿。创业意识是创业者进行创业活动的起点，也是创业者思想、行为的先决条件。需求和动力是创业的基本要素。创业意识是创业的先导，它组成了创业者的创业动力，由创业需要、动机、意志、志愿、抱负、信念、价值观、世界观等组成。创业意识是人进行创业活动的能动性源泉，也激励着人以一定的方式进行活动，向自己提出的目标前进，并力图实现。

在我们的日常生活中，总是存在着一群人、一群企业，他们通过不断地创新，不断地改变着自己的人生轨迹，也在不断地改变着我们的生活。而创业者的创业意识则是他们开展创业行为的原动力。通过对人脑的研究，发现每个人的脑潜力都差不多，每个人都具备创业潜力，这是每个人的天性。但在社会实践中，人们的创业意识却有很大的不同。这是由多种社会因素和历史条件共同作用的结果，如是否具有创业的社会历史环境和家庭环境，是否具有鼓励和激励创业的教育方式与文化形态以及相应的创业机制等。

创业意识是一种强烈的内部驱力，是在创业过程中发挥重要作用的个人要素，是创业者素质系统的第一个子系统，即驱动系统。在创业实践中，创业意识对人的需要、动机、兴趣、理想、信念和世界观等都有影响，它是一个人对创业这一实践进行正确理解、理性分析和自觉决策的心理过程。创业意识是创业主体的主观愿望，它对创业活动的激励与制约作用很大。从实质上来说，创业意识是一种积极进取的、奋发向上的精神，它是创业实质中的一种社会性质的集中体现，它对创业者对创业的态度和行为进行控制，并对他们的态度和行为的方向、力度做出了规定，它是人们参与到创业活动中的一种强有力的内在动力，将创业意识的能动功能充分地发挥出来，可以为创业活动制定一个合理的、行之有效的行动计划和目标，为实现创业活动提供实际的理论和思想指导。

(二)创业意识的构成要素

创业意识是创业思维和创业行动的必要准备。因此，任何人要想开创自己的事业，首先要提高自己的创业意识能力。创业意识的出现既不是一厢情愿，也不是无中生有，而是从萌芽、成长到形成的一个长期的过程。在这些因素中，创业需要是创业活动的最初诱因和动力，创业动机的产生标志着创业实践活动即将开始，创业兴趣能够使创业意识更加升华，有了创业理想，就意味着创业意识已基本形成，创业信念是创业者从事创业活动的精神支柱，而创业世界观是创业意识的最高层次。

1. 创业需要

创业需要是创业者在不满足已有条件的情况下，所产生的最新的要求、欲望和意识，它是开展创业实践活动的初始动机和初始动力。但是，仅仅有创业需求并不意味着就会产生创业行为，想入非非者大有人在，只有创业需要上升为创业动机时，创业行为才有可能发生。

2. 创业动机

创业动机是激发人们行为的根源，也是促使创业者进行创业实践的内在动力。创业动机作为一种成功的动力，是人们努力追求最大效益、取得最好业绩的动力，有了创业动机，就有了创业行为。

3. 创业兴趣

创业兴趣是指创业者对参与创业活动的情绪和态度的认知倾向。它激发了创业者内心深处的强烈情感，激发了创业者的坚定意志，促进了企业的发展。创业兴趣是创业者做出创业决策的重要依据，一旦有了创业的兴趣，就会关注创业的实际行为，进而热爱和追逐创业的过程，进而走上创业之路。

4. 创业理想

创业理想是一种创业者对于未来的创业实践目标比较稳定、持续的向往与追求的心理素质。创业理想是生活理想中的一种，它更多的是一种职业理想和事业理想，而不是一种政治理想和道德理想，它是创业意识的核心。

5. 创业信念

创业信念指的是创业者在与创业实践相关的目标、见解、决策等方面，所形成的相对固定的思想和观念。它是一种对创业理想的坚定信念，它是一种对美好未来抱有积极态度的自我意识，它是一种稳定的、强大的心理自我暗示。创业者在创业过程中经历了艰难的历练，并逐步确立了自己的创业理念。由于具有较强的创业动机和创业需求，创业信念会被激发出来，拥有较高的创业理想会给他们指明前进的道路，因为他们对创业充满了浓厚的兴趣，所以他们会变得越来越坚定，这也是他们进行创业活动的精神支柱。

6. 创业世界观

创业世界观是一个由一系列创业观念组成的逻辑系统，是创业思维的最高层次，是随着创业活动的展开与成功，不断提高创业者的思想与心态，把创业者的人生方向与社会责任感、使命感等有机地结合在一起。大学生的创业价值观主要有两种，一种是个人主义，另一种是集体主义。不同类型的价值观对创业主体的创业积极性产生的影响通常是不一样的，越是明确的创业价值观，就会有越强的创业意识，越是坚定的创业信念，就会有越高的创业积极性。

> **趣味故事**
>
> **"敢"创业比"能"创业更重要**
>
> 小张曾患有小儿麻痹症,技校毕业后,家人都担心她今后的路该如何走。经过深思熟虑,要强的小张决定自己当老板。她发现学校到现在还没有打字复印设备,而附近也只有一家打字复印社,于是就在学校门口开了一家打字复印社。身有残疾的小张选择了自己创业这条路,将自己的劳动贡献给社会,既给许多人带来了方便,也给自己带来了富足和快乐。小张依然能够创业成功令人深思!看来在许多情况下,不是你是否能够创业,而是你是否有创业意识,这也是创业者的一个基本素质。

二、创业者应具备的创业意识

对于创业者来说,不论创业做什么,都可能会遇到困难和挫折,可能出现意想不到的问题,一定要有充分的准备。一般说来,创业者应具备的创业意识包括以下几方面。

(一)商机意识

商机意识是创业者一种特殊的潜在素质,它以创新的形式来体现。换句话说,商机意识就是创新精神和创新意识的原动力。它能使具备商机意识素质的创业者不断发现新的商机,并通过新的产品来开拓新的市场,进而获取更多的利益。创业者在创业前、创业过程中和创业转型的时候,都会面临着识别商机、发现市场的考验。因此,必须要有足够的市场敏锐度,才能看到别人看不到的机会和风险。这样,创业者才能宏观地审视经济环境,洞察未来市场形势的走势,从而做出正确的决策,以保证企业的持续发展。

(二)转化意识

仅有商机意识是不够的,还要在机会来临时抓住它,也就是把握机遇、转化机遇,把自己的想法和感悟转化成实实在在的收入和利益,最终实现自己的创业梦想。转化意识具体来说就是把商机、机会等转化为生产力;把你的才能、你在学校学到的技术、知识转化为智力资本、人际关系资本和营销资本,了解市场的需要,整合市场和自身的资源,开启自己的创业之路。

(三)战略意识

战略意识是指你的创业活动要与你所在的创业环境和你手中的资源相匹配,创业战略可由一个人单独设定,但更应该借助团队的力量共同完成,无论是哪一种,都不能脱离创业的具体情况而空谈战略。作为刚刚进入市场的创业者,一定要在看到自己的劣势和不足的同时,更加注意和把握良好的机遇和挑战,发挥优势、利用机会、回避威胁、克服劣势、挑战竞争,在这条道路上时刻保持着战略高度,不以朝夕得失论成败。

(四)风险意识

创业不会一帆风顺,这一点,创业者一定要深思熟虑。创业者要了解残酷的市场,并不是每次都能获得一定的成功。创业者在创业期间要经常未雨绸缪,增强自己的危机意识,要对自己在创业过程中可能会遇到的风险进行认真分析,并在这些风险出现时采取相应的对策。创业者对风险的认识与防范能力的强弱,关系着企业的成功与否。

(五)勤奋意识

李嘉诚说:"事业成功虽然有运气在其中,但主要还是靠勤劳,勤劳苦干可以提高自己的能力,会有很多机会降临在你面前。"一个人事业的发展与成功,不仅仅只是建立在足够的资金和丰富人脉的基础上,更重要的是靠自身的勤奋与努力。成功不单纯依靠能力和智慧,更要靠每一个人自身孜孜不倦的勤奋工作。勤奋、敬业、诚信是成功创业的重要品质。在创业路上,只有不辞辛劳、勇于攀登的人,才能够到达光辉的顶点,才能成就一番事业。

三、培养创业意识的方法和途径

(一)个人层面,转变就业观念

首先,大学生是创业的主体,在时刻以就业为目标的大学生中,要培养大学生的创业意识,就必须帮助他们转变就业观念,促进大学生确立自主创业的信念。其次,大学生应该建立自主创业的思想,改变传统的"等、靠、要"的工作态度,采取积极的行动,发挥自己的知识、才干和技术,通过自筹资金、技术入股、寻求合作等方式，开展自己的创业活动，这样既能实现自己的价值，又能创造出新的工作岗位，为自己、也为社会创造更多的工作。最后，大学生要加强自己的责任意识，培养独立、敢为、进取、勇敢的创业意志品质，在创业活动开始前，他们不仅要努力学习好专业知识，还要涉猎与创业实践活动有关的知识，例如金融知识、营销知识、管理学知识、法律法规等，努力做好创业准备工作，为创业实践做好充足的知识储备。

（二）高校层面，开展系统性创业教育

开展创业教育不是一项临时性、应急性、阶段性、局部性的工作，而是一项长期性的系统工程。教育实践证明创业意识是可以强化的。但确立和强化创业意识，不能就事论事，事后补救，而要早期着手发挥教育的前导性，通过组织自主创业成功人士的专题报告、具有创业理论与实践经验人士的专题讲座、开展大学生创业设计竞赛、组织创业沙龙、举办校园创业实践等形式鼓励和培养大学生的创业精神和创业技能，激发大学生的创业意识，促使他们拓宽视野、转变思维模式，将就业的视角伸向创业领域。

首先，作为创业人才培养基地，大学要改变教育理念，加强课程设置，因材施教，重视对大学生的创新创业意识，提升大学生的创业素质与能力，降低大学生的"盲目性"。其次，在全国、省级等多个层次的大学生创新创业比赛中，通过组织和聆听专家学者的创业讲座，学习成功校友和著名企业家的创业故事，使大学生更好地认识创业知识，激发创业潜力。如果有足够的条件，学校还可以设立一个创业孵化基地，把创业竞赛活动获奖人的创业成果应用到企业中去，让更多的学生在大学期间就可以进行创业实践，为未来走上社会做好准备。在"校企合作"的模式中，大学可以利用企业的力量，设立专业的创业训练基地，让学生通过在企业实习的过程中获得经验，从而培养他们的创业意识。

（三）政府层面，加大大学生创业扶持

首先，国家应充分认识到大学生创业的重要意义，制定并健全与大学生创业相关的法律法规政策，加大对其的执行力度，使有意愿的大学生获得实实在在的利益，从而提高他们的创业自信心，促进他们的就业。

其次，政府支持大学生自主创业，不仅要给予一定的优惠，还要提供全方位的、立体化的服务，要与创业的有关部门进行沟通和协调，建立经常性的联合会

议,建立"绿色通道",包括资金审批、税收减免、资金支持、项目推荐、创业培训、服务指导等。

最后,政府方面还要大力营造创业氛围,发动社会力量,搭建创业融资平台,设立专用创业资金,大力宣传创业典型,形成"人人想创业、人人敢创业、人人会创业"的良好氛围。

第二节　创业素质提升

有了创业意识,创业就有了目标的指引和精神力量。但是要想成功创业,还需要创业者不断提高自己内在的创业素质。商场如战场,创业作为一种商业活动,不论干哪一行,都要具备一定的商业知识和经营之道。试想,一个人不懂食品卫生知识,怎么能办起餐饮酒店;不懂交通法规和营运知识,怎么能开好出租车、货运车,搞个体运输;不懂商品成本、利润、批发、零售等基本知识,怎么能干好经营销售业务;没有商业和税收方面的知识,如何办理各项手续,合法经营,依法纳税;不了解历史,不了解旅行,如何能成为一名优秀的导游。因此,要想成功地进行创业,就必须不断地提升自己对创业的认识与理解,这是一个先决条件与基础。

一、创业素质的内涵

素质,就是一个人在社会生活中思想与行为的具体表现。创业素质,就是创业者在创业过程中所表现出来的自身独特的品质特征,是创业者自身所具备的基本条件和内在要素的总和。创业素质是随着创业活动的深入而不断提高和逐步完善的,创业者的素质在一定程度上决定了创业的成败。成为一个成功的创业者,不仅要明确创业目标,积极把握创业机遇,进行有效的创业决策并将创业计划付诸实施,还要在创业过程中,积极化解困难、直面挑战,有解决相关问题的知识能力和心理素质。

目前关于创业素质的内涵有三种代表性的观点。一种观点认为,"创业素质指的是一个人在受过的教育以及在环境的影响下,所形成并发展起来的,它是一种在社会实践活动中所展现出来的相对稳定的个性特征"。另一种观点认为,"创业素质是在人的心理素质和社会文化素质基础上,在环境和教育的影响下形成和发展起来的,是在社会实践活动中全面地、较稳定地表现出来并发挥作用的身心组织要素、结构及其质量水平"。第三种观点认为,"创业素质是以人的先天禀赋为基础,在环境和教育的影响下形成和发展起来的,是在创业实践活动中表现出来并相对稳定地发挥作用的身心组织要素的总称"。

综合以上观点,我们不难发现,创业素质的形成是有基础的,是在某些特定的环境和教育影响下形成的。大学生的创业素质自然也是与这些基础和条件分不开的。针对大学生创业素质的特征,可以将大学生创业素质的内涵界定为:大学生以独特的个性和条件为基础,在后天环境影响和创业教育训练下,获得稳定的长期发挥作用的基本心理品质和知识结构。

趣味故事

吴教授在给即将毕业的 MBA 班的学生上最后一次课。令学生们不解的是,讲桌上放着一个大铁桶,旁边还有一堆拳头大小的石块。"我能教给你们的都教了,今天我们只做一个小小的测验。"教授把石块一一放进铁桶里。当铁桶里再也装不下一块石头时,教授停了下来。他问:"现在铁桶里是不是再也装不下什么东西了?""是。"学生们回答。"真的吗?"教授问。随后,他不紧不慢地从桌子底下拿出了一小桶碎石。他抓起一把碎石,放在已装满石块的铁桶表面,然后慢慢摇晃,然后又抓起一把碎石……不一会儿,这一小桶碎石全装进了铁桶里。"现在铁桶里是不是再也装不下什么东西了?"教授又问。"还……可以吧。"有了上一次的经验,学生们变得谨慎了。

"没错!"教授一边说,一边从桌子底下拿出一小桶细沙,倒在铁桶的表面。教授慢慢摇晃铁桶。大约半分钟后,铁桶的表面就看不到细沙了。"现在铁桶装满了吗?""还……没有。"学生们虽然这样回答,但心里其实没底。"没错!"教授看起来很兴奋。这一次,他从桌子底下拿出的是一瓶水。他慢慢地把水往铁桶里倒。

瓶子里的水倒完了,教授抬起头来,微笑着问:"这个小实验说明了什么?"一个学生马上站起来说:"它说明,你的日程表排得再满,你都能挤出时间做更多的事。""有点道理。但你还是没有说到点子上。"教授顿了顿,说:"它告诉我们,如果你不是首先把石块装进铁桶里,那么你就再也没有机会把石块装进铁桶里了,因为铁桶里早已装满了碎石、沙子和水。而当你先把石块装进去,铁桶里会有很多你意想不到的空间来装剩下的东西。在以后的职业生涯中,你们必须分清楚什么是石块，什么是碎石、沙子和水，并且总是把石块放在第一位。"

二、创业应具备的基本素质

大学生创业素质是一个综合素质，其内容是多层次的。从整体上看，大学生创业素质包括以下内容。

（一）创业文化素质

一个人要想取得创业的成功，仅仅有热情是远远不够的，还必须学习和具备丰富的创业知识。深厚而广博的知识积累是创业的基础，是影响创业成败的关键。人的创造能力无法被教授，只能通过对知识、经验的不断积累，在不知不觉中产生。创业是一种综合了各种知识的组合，它所涉猎的内容主要包括了专业知识、工商管理知识和综合性知识，也就是从注册成立、市场营销、财务会计、生产管理，一直到成功上市，甚至是破产倒闭，它都会涉及各个方面。虽然创业者不一定都是经济学家，但是不具备这些基础的商业知识，创业活动寸步难行。

1. 专业知识

具有较强的专业知识和理解能力；能持续跟踪技术发展，始终跟上行业的发展趋势，并不断提出新颖的见解。

2. 注册登记知识

注册登记知识主要内容有：关于私人和合伙企业、有限公司的法律和规定；如何申请开业登记；如何办理税务登记；银行开设账户的手续及相关的清算规则；如何取得免税优惠；我国对偷税漏税的处罚方式；企业如何进行经济稽查；工业主管部门是怎样对工业进行监管的。

3. 市场营销知识

市场营销知识包括市场预测与调查知识，消费心理、特点和特征知识，定价知识和策略，产品知识，销售渠道和方式知识，营销管理知识，等等。

4. 仓储物流知识

仓储物流知识主要内容有：批发、零售知识，商品种类、质量和相关计量知识，物流运输知识，货物的保管贮存知识，真假货物的识别知识，等等。

5. 财务会计知识

财务会计知识主要包括货币金融知识，信用及资金筹措知识，资金核算及记账知识，证券、信托及投资知识，财务会计基本知识，外汇知识，等等。

除此之外,一个创业者应该掌握的基础商业知识还包括以下内容:经济法相关知识、劳动用工及社会保障知识、公关及商业交流基础知识等。通过专业培训、就业指导、广播电视媒体的讲座、自学、咨询、学习。对于创业者来说,他们可以在创业的过程中进行学习,成为一个学习型的创业者,要带着问题去学,学以致用,慢慢地去理解和掌握。

(二)创业身体素质

所谓身体素质是指身体健康、体力充沛、精力旺盛、思路敏捷。几乎所有的企业家都认为良好的身体素质是成功创业的第一大前提。在创业之初,受资金、环境等各方面条件的限制,许多事都需创业者亲力亲为,他们要通过不断地思考来改进经营,加上工作时间长、风险与压力较大,若无充沛的体力、旺盛的精力、敏捷的思路,必然力不从心,难以承担创业重任。

(三)创业心理素质

所谓心理素质是指一个人的心理活动中所具有的一种能力,也就是处理、承受和调节各种心理压力的能力。创业心理素质指的是以人的心理素质为基础,在环境和教育的影响下,形成并发展起来的,在社会实践活动中,它可以比较稳定地表现出身心组织的要素、结构和质量水平。

创业是艰难的,不但会遇到各种困难,还会有失败的可能,因此,在创业的过程中,要有良好的创业心理素质。创业是一种冒险行为,在创业初期,往往会遭遇到资金短缺、国家政策调整和经济危机等不利因素。这就需要创业者有较强的承受力和抗挫力。只有当你面对困境时,你能有充分的信心,并坚定地相信"只要你还在,所有的事情都可以解决",你才能获得成功。不少创业人士还形成了这样的见解:"无论多么痛苦的事,都是逃不脱的。你只能勇敢地面对它、化解它、超越它,最后和它达成和解。"相反,有些创业人员做事畏手畏脚,该出手的时候不出手,等到时机过去了才后悔自己的决定。这种"事后诸葛亮"的做法显然不行。

对于大学生来讲,创业是一种全新的尝试,也是一个新的挑战,既没有丰富的社会经验,绝大多数也没有雄厚的资金支持,更没有完全相同的先例可以套用,一切都在于自己的创新和摸索。因此,大学生创业过程中遭遇挫折甚至失败往往是在所难免的。同时,当代大学生大都是独生子女,在安逸的家庭环境中长大,没有受到过什么大的冲击,导致许多人无法承受创业失败的冲击,也无法面对可能的失败。当他们在创业过程中遇到失败的打击,或者看到其他人失败的经历,都可能会在心里留下阴影,限制他们的创业动机,甚至从此泯灭了创业的热情。

所以,创业者在开始创业的时候,一定要把自己摆在正确的位置上,并且做好面对失败与挫折的心理准备。要有一个很好的心态,才能从容地应对各种突发性的问题,并在创业的过程中经得起失败的考验。古人说,"胜败乃兵家常事""失败乃成功之母"。其实换位思考,这些挫折正是你前进的动力,它们教会了你坚强,教会了你成长。正视挫折,让自己始终保持积极、乐观的心态,成功就不远了。

(四)创业人格品质

创业人格品质是个体创业素质形成的中介机制。人格素质具有多层次、多方面的特点,主要包括潜能、气质、性格、动机、兴趣、理想、信念等,这些特点之间存在着内在的联系,并有机的结合起来,对人们的行为进行着调控和控制。在创业个性中,以上几种品质构成了一个综合的整体,它们共同作用于个体的实际行动效果。

首先,创业者需要具备一定地社会责任、诚信和求实的品格。一位大学生走出校门,一定要有一颗具备爱国主义的心,要有一种对社会的责任感。只有符合社会发展的要求,他的创业才能有更好的发展前景,否则就会处处碰壁。

其次,在竞争日益激烈的今天,企业要树立良好的形象,赢得竞争优势,就必须要有良好的信誉。只有对诚信的重要性有了深刻的理解,树立了诚信观念,加强了诚信合作,构建了诚信文化,创造了诚信环境,大力推行诚信经营,才能实现更好更快的发展。

最后,务实、求实精神让大学生创业者可以对自己的处境进行评估,并对自己所处的社会状况和大众消费有一个客观的判断和深入的认识,做到不盲目,从自己的能力着手,脚踏实地地做事情,从而克服眼高手低、好高骛远等毛病。

趣味故事

小王创业记

某校机械专业毕业的小王毕业后盲目创业,学着别人卖菜、卖水果、卖服装，几经波折，没有一件事干成功。正当小王垂头丧气时，恰好社区组织个体经营者进行自我创业资源分析。经过分析，小王发现自己最大的长处还是所学的专业。之后，小王开了一家汽车修理店，他感到一下子有了广阔的空间。创业并不是一件容易的事，除了付出艰辛和努力外，还需要对自己的优势和不足有一个正确的评价，只有这样才能走向成功。小王的专业是机械，修理汽车是他的专长，在认识到自己的长处后，小王及时调整方向，最终获得了成功。

三、提升创业素质的方法和途径

创业素质是影响创业成功与否的关键因素，因此，开展创业教育，提高大学生的创业素质是十分必要的。要提高创业者的素质，可以采取如下措施。

（一）通过各种渠道学习

创业者可以通过学校的学习掌握扎实的专业知识，从而在创业的过程中获益无穷；在大学图书馆里可以看到很多关于创业的文章和书籍。高校社团活动可以培养学生的多方面的综合素质，也是学生创业的一个重要的实践环节。

（二）与商界人士广泛交流

商业活动无处不在。在你周围，你可以找到一些有过创业经验的亲友。在此，你将学习到许多有关企业家的知识与经历，也许远胜于书本知识。你也可以去拜访那些你敬仰的商人，用电邮或者电话，或咨询与你的创业项目有密切联系的商业团体，也许他们会因为你的坚持而支持你。

（三）曲线创业

目前，许多大学生都会选择先就业后创业。在毕业之后，因为自己在各方面的经历和经验还不够丰富，所以，如果能去实体单位历练几年，等自己有了一定的知识和经验，再去创业也不晚。"先找工作后创业"的大学生，在跳槽之后，参与的创业项目往往与他们之前的工作有很深的关系。同时，在前期准备工作中，也可以与专业人士进行交流，获得更多的市场信息。

（四）创业实践

创业实践是学习创业知识、积累创业经验的最佳方式。创业实践有两种方式,一种是间接的,另一种是直接的。在学校开设的一些课程中,通过情境性的仿真参与,间接地实现了创业实践的学习。例如,可以积极参与校内外举办的各类大学生创业大赛、工艺设计大赛等,对知名企业家成长经历、知名企业经营案例开展系统研究等也属于间接学习范畴。在课余和假期中,在外的兼职打工、试办公司、试申请专利、试办著作权登记、试办商标申请等事项,也可以通过举办创意项目活动、创建电子商务网站、策划书刊出版事宜等各种方式来实现。

第三节 创业能力培养

在大学生的创业素质中,最主要的一项就是创业能力,它指的是一种与社会活动有关的多方面的综合能力,它是一种与人的事业、职业有着密切联系的综合能力,它是一个人在社会生活中所具备的各项生存能力的综合体现,它包含了知识、技术、进取心、处理公众关系的态度和技巧、对组织的掌控能力、对市场机遇的敏感度、决策与勇气、忍耐力、从业经验和职业道德等。在21世纪的国际教育讨论会上,教科文组织提出了"第三本护照",即创业能力的问题,要呼吁将创业能力提升到与当前学术、专业教育一样的高度。一个人要想做一名成功的创业者,首先要具备与之相适应的创业者的能力,只有通过不断地提升自己的创业能力,才能更快地走进创业的大门。

一、创业能力的内涵和特点

(一)创业能力的内涵

21世纪是一个崭新的时代,它的特点是创造、创新和创业。将创业能力归结为对创业实践活动的效率、促进创业活动的顺利开展、可以创建并发展一种或多种职业的主体条件。大学生的创业能力既有普遍意义的基本内涵,又有其自身特有的特征。在知识经济当道的今天,大学生创业成为大学毕业生就业的新潮流,其所蕴含的活力与发展必然会引起一系列观念、制度、人才培养模式等方面的改变,这既是对现有教育的一次巨大挑战,也是对中国未来教育的一次重大改革。对大学生开展创业能力的培养与教育,是高等教育发展史上的一种新的教育理念,它既是在知识经济时代培养大学生的创业精神与创新能力的需要,也是在社会和经济结构调整阶段人才需求发生改变的需要,是以人为本,构建和谐社会的需要。

要了解创业能力的内涵,首先要了解能力是什么,怎么才能得到能力。美国管理学家理查德·博亚特兹(Richard Boyatzis)于 1982 年提出的能力理论认为,个体胜任工作角色或完成任务的绩效是人格特征、知识、技能和能力等因素综合作用的结果,而能力是其中的决定性因素,并且强调能力必然蕴含于具体行为,并能够经由行为得到观测。[①] 随后,许多学者着手规范能力的内涵。狭义的观点认为能力就是个体从事某项任务必需的才能;从更广的角度来看,能力是指一个人在工作中所具备的知识、态度和技巧的总和,它可以用一种标准来衡量,并且可以通过训练和发展来提高。其实,从狭义到广义,其一个共同特征就是强调能力与具体的任务绩效相关,并能通过个体完成任务的行为来观察和度量。

20 世纪 90 年代,国内外学者逐渐将能力理论引入到创业者的研究之中,尝试从创业行为的角度来认识创业者的需要,提出创业者的能力是一种特殊的能力,而不是一种个性特征,将创业者的能力定义为创业者能够胜任创业任务所需要的综合能力,并从能力的角度来探讨创业者与创业活动之间的相互作用。

总而言之,创业能力指的是创业者所具备的关键技能和隐性知识,它是个人所具备的一种智力资本,是高层次的特征,包含了个性、技能和知识,被认为是创业者能够顺利地完成自己的工作任务的整体能力。创业者所具有的创业能力的大小,对创业实践活动的效率、创业活动的成功与否,都有直接的影响。大学生创业精神既有其基本内涵,又有其自身特征。因为其自身所具备的思维先进性、时代新颖性和知识能力现实性等特征,使其在创业意愿、创业能力和创业活动等方面的内涵更加丰富。作为大学生创业教育的主要培养对象,随着创业教育的兴起和普及,对大学生创业能力的培养方法进行了深入的探讨和研究。

(二)创业能力的特点

1. 个体性

当代大学生在理想、信念、世界观、价值观、兴趣等方面,表现出了多元化,在气质、性格等个性心理特征上,也表现出了多元化,主要表现为具有开创型个性。大学生的创业能力的个人特征是,他们可以直面各种威胁和挑战,在成

[①] 高珍珍,姚本春,王东. 基于洋葱模型的本科生胜任力培养研究[J]. 新丝路:中旬,2023(1):3.

功和失败的得失中，他们可以灵活地处理问题，走出自己的创新之路，并且他们有坚定的意志，敢于采取行动，这些都会对创业能力的启动、作用和方向产生直接的影响。

2. 综合性

大学生已经初步拥有了完备的知识体系，他们对自身内部和外部世界的各种因素，比如感知力、注意力、记忆力、想象力、思维力等都有自己独特的理性认识，这是他们创业能力的核心，可以被外化为专业能力、经营能力和综合能力三个层面，这些层面的凝聚融合，在创业实践活动中，表现为大学生创业能力的综合性。

3. 创新性

大学生具备了开拓创新的愿望和能力，他们还掌握了科学的探索创新的技巧，他们是实现创新的主力军，他们是开创新思想、新事业、新行业、新领域、新技术及新产品的中坚力量。大学生创业活动属于一种具有很高创意的实践活动，他们拥有创造性的思维，可以将自己所学的专业知识和创业活动进行有机的融合和转化，他们可以在社会实践中持续地挖掘自己的潜力，打破思维定式，从多个角度去寻找最优的解决方案。

4. 实践性

创业能力是影响企业成功与否的关键因素。同时，创业实践活动为企业创业能力的生成提供了良好的土壤，是创业能力提升的唯一途径。要对大学生的创业能力进行培养，不仅要注意将理论与实际相结合，在实践中进行扩展和实现，还要将实践性作为核心内容，构建出一套科学的运作、评价体系，保证创业能力的有机形成和提高。

趣味故事

Facebook员工在还不超过15人的最早期，有个叫Steve Chen的员工，觉得工作不适合自己，就决定不干了，他更想去创建关于视频的公司。把他招进来的主管领导劝他不要放弃，说他这个时候放弃，以后会后悔一辈子，因为，Facebook以后会不得了的，而现在已经有一堆视频网站了。Chen还是决定辞职了，然后我们就有了YouTube。在被谷歌以16.5亿美元收购后，YouTube仍然是这个世界上最火的视频网站。

二、成功创业者的能力特征

机遇只会垂青那些有准备的人。创业的准备不仅包括心理上、知识上的准备，还需要掌握一定的创业技能。研究发现，57.5%的大学生、53%的工作人员认为，自己创业最重要的是具备创业所需的各项能力。对于初入市场的创业者而言，他们或许没有一整套的创业技能，但创业者自身必须有一种意识，不断提高自己的能力，并付诸实践，才能在创业中获得成功。

纵观成功创业者的经历，可以发现他们的创业能力中的共同之处，具体表现在以下几方面。

（一）创新能力

创业实际就是一个充满创新的事业。对创业者而言，创新始终是他们获得机遇的唯一源泉，也是他们不断成长和壮大的不竭动力。苹果公司前首席执行官乔布斯生前曾这样说："领袖和跟风者的区别就在于创新。"创新能力，可以说是创业者、创业企业应该首要具备的能力。虽然没有人能够真正定义出创业家的特殊个性，但是不可否认的是，创业家的成功就在于离开了自己的安乐窝，勇于做第一个吃螃蟹的人。无论是国内的《开心农场》，还是芬兰人设计出的《愤怒的小鸟》，都充分体现了强大的创新能力。

（二）人际交往能力

美国有句流行语：一个人能否成功，不在于你知道什么，而在于你认识谁。斯坦福研究中心一份调查报告的结论更能证明人际交往对成功的重要性：一个人赚的钱，12.5%依赖其掌握的知识，87.5%依赖其人际关系网。这足以说明人际关系的重要作用，特别是对于新生企业尤为重要。对于大多数成功人士来讲，谁都不能否认人际关系在其事业中起到的作用，他们得益于老师、同学、同事、领导、老乡、亲友、老板的帮助。

（三）判断决策能力

创业的过程就是一个不断做决策的过程。决策是一个人的综合能力，一个创业者首先应该是一个决策者。做决策对于企业家和各级主管们来说几乎是每一天都必须要面对的，正确的决策会帮助创业者根据主客观条件，因地制宜，准确制定创业的发展方向、企业目标、战略，选择正确的实施方案。错误的决策则会使事情变得无法收拾，甚至走向失败和灭亡。大学生创业首先要从众多的目标以及方向中进行比较和分析，选择最能发挥自己优势和特长的创业方向、途径和方法。

（四）信息沟通能力

要成为一名真正的成功创业者，必须要学习如何将自己的思维条理清楚，并将其表述清楚。因为对于投资人来说，有一种最基本的判断，那就是创业者的口才可以不好，但如果一遍又一遍地说不明白，那就是他自己也不明白。只有当这个消息传达出去，大家都明白了，问题也都解决了，这就是一种有效的交流。例如，A委托B去买饮料，并告知品牌、价格、容量；A应该询问B是否完全理解需求，B可以询问一些额外的信息，如哪里能买到，数量是多少，断货的话备选饮料是什么等，信息越充分，误差就越小。

（五）执行能力

有人说，三流的创意加上一流的执行力能够超过一个用一流创意加上三流的执行力的公司。在变化剧烈的市场中，创业机会是稍纵即逝的。创业成功的人往往从想法到行动的间隔非常短，想到就做。其实他们也不是天才，难道每个决策都对吗？当然不是，只是做了就会有经验，有经验就可以改进。"纸上得来终觉浅，绝知此事要躬行。"作为创业者，要做好自己的工作就得有足够的执行力。

（六）学习能力

美国《财富》杂志指出："未来最成功的公司将是那些基于学习型组织的公司。"不管你的专业和学历如何，如果你能在学习上有一个很好的基础，随时都有可能脱颖而出。现代社会快速发展，新的思想、概念、工具层出不穷，这就要求创业者必须用开放的态度广泛地学习。对于大学生创业者而言，只有利用大学的黄金时间学习一些真正的知识，拓宽知识面，才能使自己在未来的创业活动中更具有竞争力。

三、大学生创业能力的培养方式和途径

我国目前的创业活动很活跃，人们的创业欲望也很强烈，但是创业技能偏

低，成为制约创业者成功的一大重要因素。清华大学经济管理学院教授、中国创业研究中心主任高建认为，大学生的创业能力不足，有50%的大学生认为自己具备创办企业的技能和经验，这其实是一种没有创业的事前主观评价，是对自身创业能力的一种高估。

要想提升学生的创业能力，必须经过长时间的培育、熏陶和积累，因此，要把创业教育融入到学校的整个育人体系中，为学生创造一个良好的创业氛围。高校是大学生创业教育的重要实施主体，应从课程与教学系统的优化入手，为大学生创业能力的培养创造有利的条件。在此基础上，高校学生应积极参与校园的创业实践，以提升自己的创业能力。

（一）优化课程教学体系

在创业人才培养体系中，以课程和教学为中心，把创业教育融入到各种专业的教育中，可以使学生的创业能力得到很好的提高。注重第一课堂和第二课堂的有机结合，互相渗透。首先，在第一课堂课程设置方面，应开设创造学、创业学、创新思维、创业管理等与创新创业相关的课程，以更好启迪学生的创新思维，培养学生的创业意识。其次，在第二课堂创业活动中，要广泛开展创业计划比赛、课外学术作品比赛、演讲辩论、广告设计比赛等活动，逐渐形成以创新创业、社会实践、社团活动为主要内容的培训模式与方法；在此基础上，结合高校毕业生的就业辅导，对大学生进行创业辅导，可取得良好的效果。

（二）营造良好的创业环境

美国著名的心理学家卡尔·罗杰斯（C·R·ROGERS）认为，至少有两个条件对于创造性活动是必要的，那就是心理安全和心理自由。因此，营造良好的创业环境是开展创业教育和培养创业能力的基本前提。[①]

校内的创业教育环境可以分为两种，一种是硬环境，另一种是软环境。创业硬环境是为在校大学生创业者提供创业的场所或实验设备，提供创业资金和创新奖励基金，为创业竞赛和创业社团提供专项资助等有形的创业支持。创业教育的软环境包括：高校领导重视创业教育，建立激励创业的相关制度，积极的校园文

---

① 豆宏健.基于个人成长和自我实现的创造性——卡尔·罗杰斯的创造观[J].甘肃联合大学学报：社会科学版，2006，22(4)：4.

化。学校应从创建创业基地、引进实验仪器、给予专项创业基金等方面，着力改善"硬环境"。在"软环境"的建设方面，学校要充分发挥校友和企业家成功创业对在校学生自主创业的示范作用，定期举办创业论坛，开展科研竞赛、创业交流，开设创业教育课讲座等丰富多彩的形式实施创业教育，加大"发明杯""挑战杯"的宣传和开展力度，引导更多学生参与创业计划大赛。开展创业文化节、创业计划比赛、创新设计大赛、科技节等专题校园文化活动。

（三）积极参与校内外创业实践活动

要跟企业进行密切的联系，要跟实践创业进行密切的联系，这是培养并提升大学生创业能力的一个重要环节。大学生应该充分利用好高校和地方政府提供的创业资源与场所，积极参与到校内外的各种创业实践活动中去。具体的方法有：一是参与到学校的科研项目中，在导师的带领下，通过对课题的研究，对科研前沿和最新科研成果有更多的了解，从而对科研创新能力有更高的认识；二是充分利用学校内部的资源，开展创业活动，比如建立一家独立运营的科技服务公司，比如大学生超市、食堂、书店、家教服务中心、教育培训中心等，通过创业导师的引导，让学生在实际操作中感受到创业的整个过程，从而在实际操作中提升自己的运营和管理水平；三是要积极参与各类创业比赛，通过比赛来磨炼自己的创业技能，发现适合自己的创业项目，条件成熟的还可以将项目在学校或政府的创业孵化基地进行孵化，这样才能更好地促进创业成果的转化，才能更好地提升自己的创业水平。

第四章

大学生创新创业活动教育现状分析

第一节　大学生创新创业教育的研究
第二节　大学生创新创业教育重要性和必要性
第三节　大学生创新创业教育问题的原因分析

第一节　大学生创新创业教育的研究

在目前的情况下,高校毕业生的数量每年都在增加,大学生的就业问题是一个关乎国计民生的问题,因此,国家和社会各界都在寻求各种方法来解决这一问题,大学生创新创业教育面临着前所未有的挑战与机会。在国内外,由于不同的学科以及不同的市场环境,对学生进行创新创业教育的方式各不相同。当前,我国高校创新创业教育仍然沿用传统的教学模式,存在着重视理论知识,忽视实际操作的问题。因此,有必要从实践方向和大学生创新创业能力的整体发展水平出发,改善目前大学生创新创业教育模式的不足之处。

一、大学生与创新创业教育

(一)大学生创新创业教育的意义

在新的历史条件下,大学生怎样才能站在时代的潮流中,发挥自己的作用,这是一个不容回避的问题。大学生是最活跃、最具创造力的群体,他们有新意,有敏锐的思维,没有太多的条条框框,对创新创业有着天生的热情。创新创业是一种宝贵的经历,它对年轻人的启迪,不仅蕴含着成功的秘诀,还能培养出不惧失败的勇气和素质,这才是成功的基础。从客观上讲,大众创业、万众创新这一活动具有无限的创意与丰富的内涵,大学生在这一活动中所扮演的角色是创新创业的推动角色。近年来,在"大众创新,万众创业"的大背景下,具有一技之长、创造力强、批判性思维强、创新能力强的大学生创业群体,已经成为创业群体中一股不可忽视的力量。因此,如何发掘年轻人的创造力和创业潜力,对我国的未来发展至关重要。创业是一种多维度、复合性的概念,其表现形式包括对机遇的识别与把握、策略的制定以及资源的协调等多种因素。

(二)实践出真知

在实践中寻求生命的真谛,做新时代的先行者。当今处于一个创业的年代,在许多知名企业家的带领下,创业已成了一种潮流。在这种情况下,大学生应紧跟社会发展的步伐,适时地转变自己的陈旧观念,探讨创业的可行性和积极意义,在大学期间做好人生规划,为创新创业做好准备。

主动型的创业者具有主动性,真正的创业来自创业者的内在需求,而非被动选择。创业的道路上充满了荆棘和坎坷,在创业项目的选择、融资、组建团队的时候,都会遇到一些意想不到的困难。只有仔细地分析了自己的特点和所处的环境,把好的创业当成一件事情,仔细地计划,充分地掌握,才能感受到创业带给你的成功与喜悦。

二、大学生创新创业教育模式

根据创新创业教育的内涵和要求,我国的创新创业教育模式可从以下三方面开展:创新教育模式、素质教育模式和实践教育模式。

(一)创新教育模式

创新教育模式对高校而言,就是对教育体制的变革,就是给大学带来了新的使命,它能使人才培养的质量得到全面提高,也为促进大学生的发展带来了极好的机会。同时,创新创业教育模式也要注意对学生实践能力的培养,既要充分体现素质教育的理念又要依托专业教育。

(二)素质教育模式

大学生是即将步入社会的一群人,早晚都会成为社会发展的中流砥柱,所以,在高校的思想政治教育课中,对学生的耐挫能力、抗压能力和承受能力进行了深入的研究。在此基础上,提出了在高校开展创新创业教育,以提高大学生的创新创业能力。同时,创新创业教育又是一种更高层次的素质教育,是一种人格健全教育。因此,高校对大学生进行创新创业教育,有利于社会进步与和谐,有利于高等教育改革与发展,有利于学生自身的全面发展。

(三)实践教育模式

实践教育通常包含了实际操作、实习、社会调研等内容,它的目标是让大学生在实践中获得感性知识,掌握实践操作技能,培养独立实践能力和分析问题的能力,增加学生的实战经验,进而提高大学生的综合素质。

创新创业教育是一种实践性的教育模式,旨在向大学生传授创新创业知识和技能,对学生的生活态度和创业价值进行更多的关注,实现创新驱动、创业孵化，解决就业难题。在实事求是的基础上，提出与学校实际学科和专业相关的具体创业教育措施，注重整合教育、科研和校外社会资源，促进实用型创业教育的发展。

第二节　大学生创新创业教育的重要性和必要性

在互联网经济发展成为新常态的大背景下，在高校进行大学生创新创业教育，一方面可以提高大学生的就业率，另一方面也可以提高大学生的就业质量，可以在很大程度上推动毕业生的全面发展，所以，进行创新创业教育是高校的必然选择。

一、培养大学生创新创业是建设创新型国家、创新型城市的必然选择

创新创业教育在很大程度上能够促进我国经济的发展和社会的和谐稳定，符合国家创新驱动发展的战略决策，提升我国经济发展的质量，加快创新型国家的建设。高校毕业生的就业质量、创业成败，与其自身及其家人有着直接的关系。通过对其创新观念和创业精神的培养，能够显著提高其就业质量，提高其创业成功率。这对于国家的经济发展、社会的和谐与稳定，实现国家的战略目标，推进创新型国家的建设，都具有重大的社会价值与现实意义。

二、培养大学生的创新性、实践性是我国现代高等教育改革的发展方向

创新教育有利于培养学生的创造力，而创业教育有利于培养学生的实践能力。所以，对大学生进行创新创业教育，是一种直接的、有针对性的、有实践性的、有创造性的教育。

一是转变教育观念，深化教育改革，坚持"以人为本"，改造传统的教育方式。长期以来，我国的教育主要是以知识为中心的教学，忽视了学生的主体作用，造成了"高分低能"的现象。所以，要迅速改变传统的教育观念，对高校的人

才培养方式进行深化改革，从就业教育向创新创业教育转变，建立起自主创业既是大学生就业的重要方式，也是大学生成才的重要方式的观念。

二是对传统教育的缺憾进行弥补。尽管我们已经意识到，传统的教育只注重知识是不公平的，我们提倡的现代教育改革也注重学生的素质、能力、创新性和实践性，但是，我们的现代教育改革仍然缺少系统。目前，我国高校在各学科的教学中力求提高学生的综合素质、综合能力、创新能力、应用能力等方面都有所欠缺，而缺乏对其进行系统的培养与加强。与中小学生不同，大学生在毕业后要走向工作岗位，要想在社会实践中取得成功，就必须更加注重能力、创新性和实践性。

三是高校要以培养应用性人才为主，要实现这一目标，就需要在校内开展"创新创业"教育。创新创业教育型本科教育体系的建立，能够激发大学生学习的积极性和主动性，通过创新创业教育，学生会更加关注所学知识的系统性和实用性，也能够激发学生运用所学专业知识进行创新创业的热情。

三、大学生就业、创业的现实需要

目前，高校毕业生就业困难问题已经引起了社会各界的广泛关注。因此，加强大学生创新创业教育，是解决当前大学生就业难问题的有效途径。当然，并不是每个大学生毕业后都必须要自己创业，但培养大学生的创新创业能力，可以帮助他们在今后的工作中取得更大的成就。

尽管在我国，已经有越来越多的高校意识到了创新创业教育对于当代大学生的重要性和紧迫性，但是，他们在课程的开设方面，却存在着对创新创业教育的认知不足，定位不明确、不准确的问题。目前，我国大部分高校都已将创新创业教育纳入了就业指导课程，以拓宽学生的就业渠道。在教育内容、教学方法上，已经不能跟上社会的发展和环境的变化，存在着内容陈旧、方法传统的问题，还存在着偏重于国家创业政策、创业目的及意义等理论化的内容，而忽略了对学生创新意识、创业精神和创业能力的教育和培养。由于缺乏一套成熟、行之有效的教育思想和教学方法，使学生的创新意识淡薄，学生的创新能力很难得到很好的培养。

（一）创业教育理念不明晰

现在，大部分的大学仍然把创业教育局限在了创业实践的层次上，他们热衷于组织学生参加"创业计划竞赛"、参加"创业设计活动"、建立创业中心等。事实证明,"实务"教育虽然声势浩大,但是还没有上升到理论指导的高度,导致学生们虽然充满了热情,但是缺乏内在的力量,精英主义的倾向非常强烈,他们只注重少数人的成功,大多数人都是"看客",对此无动于衷。这样的教学模式,很难有深度和持续性,更不可能有实际成效。

(二)创业教育管理体制不顺

创业教育与育才工作之间存在着严重的脱节,只将其作为就业工作部门的职责。目前,我国高校创业教育的主要任务是向学生提供就业指导,从这一点可以看出,目前我国的创业教育只是单纯地为了大学生"就业"而进行,这样一种不成体系的创业教育很难取得预期效果。

(三)创业教育课程开设不合理

目前,大部分大学都在增加一些有关创业教育的课程,但实际上,创业教育并不是仅仅增加一些课程就可以完成的,要实现这一目标,最重要的是把它融入到教学中。创业教育是一种教学制度的变革,它要渗透到教学的每一个环节,渗透到学生的每一个方面,这就涉及学校的教学改革,关系到了学生的培养方式的变革。

(四)创业教育师资队伍水平有待提高

在大学创业教育中,教师队伍建设也受到了很大的限制。在创业教育中,教师是起主导作用的人,要想开设创业课程,必须依靠教师,要将专业课创新内容进行融合。但是从当前的状况来看,大多数教师在承担创业教育工作时,都会遇到一些问题。这主要是因为:一方面,创业教育课程还处在一种"摸着石头过河"的状态,没有一套规范统一的现成教材,因此很难掌握教学内容和教学方法。同时,由于创业教育是一项具有较高实践价值的课程,大部分教师自身缺少创业经验和培训,因此,他们在创业教育中往往只是停留在纸上谈兵,很难得到学生的青睐。

第三节 大学生创新创业教育问题的原因分析

高校创新创业教育的目标群体是在校大学生，要将创新创业教育付诸实践，就必须清楚地了解当前大学生创新创业教育的现状以及存在的较为突出的问题，只有如此，才可以有针对性地提出相关的对策，使创新创业教育的目标得以实现。

一、大学生创新创业教育的现状

目前大部分大学生的创新创业理念缺乏，创新创业能力不强。较为突出的表现如下。

首先，大学生对创新创业活动的重视程度不够、兴趣不够、对"互联网+"这一时代背景不够了解、就业理念落后。很多大学生都显示出更多的兴趣和更好的社会技能。但是，他们都有一个共同的问题，即"宽泛"而"不专"，造成了大部分人对一件事情的关注，难以持久。在这样的环境下，大学生也很难将自己本以为具有一定优势的兴趣转化为行动的动力，在实际行动上大打折扣，无法实现兴趣、理念与行动的良好衔接。

其次，大多数大学生的创新意识和创业意识不强。当问及"网络时代的创业"时，大多数人都会想到"淘宝""网购"之类的。大学生的创新思维一般都会停留在浅显的层面，他们缺少了对创新创业深层次的思考，无法在已有的书本和课堂知识的基础上，进行自我突破，在实践教学的过程中，他们也不能将理论知识更好地运用到实际工作中去，在考虑问题和解决问题的时候，他们缺少了创新力与创造性，主要表现为缺少计划性与灵活性。

最后，大多数大学生的工作热情不高，缺少对创新创业的执着精神。创新创业往往不是一朝一夕就能完成的，它需要有充足的时间和耐心，更多的是付出。而想要获得成功，必须要有坚持不懈的精神，尽管许多大学生都能认识到这一点，但真正将这一点付诸实践的人却寥寥无几。

二、大学生创新创业教育存在的问题

(一)创新创业教育的内在源动力不足

当前,大学生的创新意识和开拓精神的培养还存在不足。大部分大学生是在"一孩"政策和"高考指挥棒"引导下成长起来的。对于这些学生来说,升学就是他们的生活。他们的求知欲望与创新思维没有得到科学的激发和系统的培养。当下,我国高校的教育模式对大学生创新创业教育的发展也存在着一定的制约。尽管高等教育不断地进行着改革和发展,各大高校都在积极地进行着高等教育的改革,但传统的应试教育所培养出来的人才却是千变不变,学生们的独立性和自主性都很差,尤其是他们的创新和创业能力都很差。

(二)创新创业教育的课程体系不完善

当前,在我国高校中,对创新创业教育的实施,主要是增加了几门创新创业类的基础课,而很少将其纳入到大学生的必修课中。而且,对于选修课来说,也是一个很大的补充。在课程设置方面,缺乏对创新创业教育整体进行系统的考虑。

(三)创新创业人才培养模式不完善

当前,大学生的创新创业教育主要表现为重理论,重形式,缺乏系统性的实践平台。高校与产业界/企业的合作通道不通畅,资源缺乏,缺乏一个开放协作、融合共享的平台。在高校教学中,对学生的教学以教师在课堂上教授的理论知识为主,虽然也注重学生的实践操作,但多是流于表面、流于形式。并不是所有的学生都是在课堂上所讲的知识的基础上,去训练他们的拓展性思维,他们很难对所学的知识有更深的了解,也很难去创新。而创新是指之前并不存在的知识或事物,通过自己的努力,在已有的知识或事物的基础上,对其进行突破,提出新的知识或新的思想。因此,大学生要树立创新创业的理念,就要改变现有的学习和思维方式,用发散的思维去思考所学的东西,从而达到对所学知识的创新性认识,并应用于实际,解决实际中的问题。

(四)创新创业教育的评价体系不健全

评价指标体系不仅对提高教学质量和实现课程目标发挥重要的指导作用,而且有助于发挥学生自主学习的内在动力。当前,大多数高校对学生和创新创业辅导教师的评价都存在着严重的缺位,他们注重的是形式和理论成果,对创新创业教育进行的过程和所取得的成效;缺少一套系统的评估指标,这对师生的教学、学习的动力产生了很大的负面影响,从而对创新创业教育人才培养目标的实现产生了很大的影响。

三、大学生创新创业教育改进对策

(一)对创新创业教育理念进行改革,加强思想政治教育

这里所讲的思想政治教育是立足于高校创新创业教育理念基础之上的。随着时代和科学技术的进步,我们的教学目标和教学计划也要相应地调整。新时代,大学创新创业教育面临的问题与以往有了较大的不同,这就需要大学创业教师及时地更新自己的创新创业观念和创新创业目标。在新的时代背景下,高校的创新创业教育具有明显的社会性,一些高校的创新创业教育以服务社会为出发点,以实现个体的利益与价值为目的,这也是新时代的创新创业思想。高校思想政治教育要以服务社会、回报社会为目标,必须把它看成一个系统的教育工程。大学生思想政治工作的目标、计划必须与社会密切相关,必须以"创新创业"为立足点。

当今社会正在逐步进入一个信息化的时代,在这个时代,网络技术已经相当成熟。大学生可以通过多种途径,了解到社会上发生的问题和时事新闻,在这样的学习环境和教育环境下,传统的创业教育目标和创业教育计划已经不能满足当今社会的发展和变化,高校要以创新创业为基础,对大学生进行思想教育。要明确教育目标和教育计划,包括教育方式和教育内容,这会极大地影响到学生的思想价值观。传统的创业教育理念,将对学生的创业内容教育和对学生的职业教育放在第一位,在开展创业教育时,更注重对学生的专业技能和专业水平的提升,出现了比较严重的商品化倾向。在新的时代背景下,大学生的创新创业教育思想有了新的变化。高校的创新创业教育,就是要以"回馈社会"为宗旨,使学生在社会中获得成功,从而体现个人价值的一种教育形式。新形势下,大学生要树立正确的思想观念。新时代的大学创新创业理念,把推动社会进步和人类文明的发展作为自己的使命,倡导个人和社会的最大价值。这就要求高校在开展创新创业教育的时候,要更加注重对学生的使命感和责任感等方面的培养,这也是新时代的创新创业教育与传统的创新创业教育最大的区别。

由于新时代的创新创业教育目的不同于传统的创新创业教育，因此在进行创新创业教育时，两者的侧重点也有很大的不同，这就导致两者所采用的教学方式和教学内容也有很大的不同。因此，高校要在创新创业教育的基础上，对大学生的思想政治教育进行改革与创新，要明确其教育目标和教育计划，制定合理的教学内容和教学方式。

(二)在创新创业教育中加强职业生涯规划

大学生的职业生涯规划与创新创业之间存在着互动关系，在这个过程中，他们能够表达他们的创业想法，并且能够提前规划他们的创业计划；职业生涯规划可以帮助学生规避风险，制定一套科学而有效的方法，对自己的未来进行有计划、有目标的规划和分析，对大学生的创业就业有重要的作用和影响。

大学生在进行职业生涯规划的时候，必须要有一个合理的发展目标。大学生应该对自己所学的专业和自己的特长有一个全面的了解，然后根据自己的特长和所学的专业知识，来合理地确定自己的职业生涯规划的目标和内容。大学生要给自己的职业生涯规划找一个合适的位置，比如在大学期间，他们学习的是财务管理，他们想要在毕业后，开一家会计师事务所。那么，毕业后，他们可以根据自身的实际情况，先考察当地的环境，再进行创业方案的可行性分析，最后根据自己所学和擅长的专业，找出自己的定位。在创新创业教育过程中，高校教师要反复强调职业生涯规划的重要性，这有助于大学生对当前的基本创业情况有一个客观的了解，找到自己的位置，更好地了解自己、认识自己，更好地看清自己的优缺点，对自己的能力进行评估，然后给自己设计一个合适的高度，脚踏实地，通过自己的努力，逐步实现设定的目标和计划。在新时期高校创新创业教育的大背景下，大学生毕业后的创业活动日益增多。创业不仅丰富了学生的实践学习经历，还提升了学生的综合素质和综合水平，同时缓解了就业给社会带来的巨大压力。

新的时代背景下，大学生在创业方面还存在着许多问题，因此，教师和学校都要对传统的创业教育观念进行更新，并对传统的创业教育模式进行改革。首先，要改变大学生的创新创业教育观念，强化大学生的思想政治教育，使其形成科学的价值观念；其次，要加强对大学生的职业生涯规划，使他们能够正确地认识自己，提高他们的成功概率。

四、大学生创新创业现状及问题分析

(一)政策扶持力度不够

在中小企业对我国市场经济的作用日益突出的今天,很多大学生都愿意为国家的经济发展而进行科研和探索。但是,发达国家对大学生创新创业的支持力度相对较大,并且已经建立了较为健全的体系,包括金融、咨询、技术研发、新兴市场开拓、政府外包服务等。与此相对应的是,在国家层面上,一些省市已经制定了相应的扶持政策,但没有形成一套完善的政策体系。

另外,从大学生角度来看,政府有关创新创业的宣传工作还很薄弱,缺乏与大学生之间的直接、有效的联系,政策宣传工作还很薄弱。尽管政府的有关部门经常会组织多种形式的有关大学生创新创业的政策宣传活动,但是这些活动的形式和内容都太过单一,很多大学生并没有从中得到更多的好处。部分大学生对国家创新创业政策还不清楚,不能深入理解并运用这些政策,当其合法权益受到侵害时,往往不知道如何通过法律途径进行解决。同时,由于宣传力度不够,校园中的创业氛围尚未形成,愿意和敢创业的学生比例较低,有创业意愿的学生比例较低,所以,大学生们还需要更多的渠道去了解政策。

(二)创新创业服务体系不完善

在推进城市创新创业的进程中,政府应加大对其的服务力度。在服务体系方面,构建一个信息交互的网络平台对于企业进行创新创业具有重要意义。例如,企业的创新创业项目的选择、创业资金的投入、创新创业活动的开展都离不开信息化的网络平台。但是,目前在我国许多城市,高校创新创业的信息化程度还不高,与大学生的需求有一定的差距。

此外,创新创业服务中心对于大学生创业来说尤其重要,它包括政策咨询指导、创业投资融资服务、法律服务、技术服务、专业培训等中介服务,以此来满足大学生这一特殊群体的个性化需求。

五、促进大学生创新创业发展的对策和建议

(一)优化创新创业政策

高校创新创业教育是高校创新创业教育的重要组成部分。创新创业政策对提

高大学生创新积极性，提供创业机会，改善创业环境，支持创业发展具有重要的意义。由于政府在制定大学生创新创业的政策时，都是由各个政府部门根据自己部门的需求来进行相关政策的设计，而不是由专门的创新创业部门来制定，这就造成了大学生创新创业政策的空白或重叠。基于此，我们构建了一套面向大学生创新创业的特殊政策服务体系，以增强政策的灵活性与有效性，并加强各部门之间的协同配合，以达到促进大学生创新创业发展的目的。同时，政府还应向高校毕业生提供高质量的资助，以增强对高校毕业生的吸引力。例如，可以设立大学生创新创业人才引进的专项基金，对创新创业型人才的购房、生活、子女教育等方面进行扶持，为他们解决后顾之忧，使大量的大学生创新创业型人才充分地发挥自己的主观能动性，促进创新创业事业的成功与发展。

(二)完善创新创业服务体系

高校创新创业教育是高校创新创业教育的重要组成部分。为此，构建和完善大学生创新创业服务体系，对大学生创新创业教育具有重要意义。首先，它可以为高校毕业生提供丰富的、个性化的创业资源，并为其提供全方位的创业服务。例如，创新创业服务中心可以利用互联网这个平台，为大学生提供市场交易、在线咨询和人才需求等服务，并与市区内的人才交流市场、法律代理、产权交易等机构密切协作，形成覆盖广泛、功能强大、多层次、多方位的服务系统。其次，要有针对性地构建创新创业服务体系。要立足于大学生的现实，掌握他们的困难与问题，掌握他们的服务需求，有针对性地进行个性化服务。

第五章

大学生创新创业教育课程体系的构建

第一节　大学生创新创业教育课程的目标
第二节　大学生创新创业教育课程体系建设现状分析
第三节　大学生创新创业教育课程体系建设策略
第四节　大学生创新创业教育的学科化发展取向

第一节　大学生创新创业教育课程的目标

在我国经济发展、社会进步、人民素质全面提高的背景下，创新创业教育应该逐渐纳入高等学校的课程体系，并以市场需求为导向。首先必须明确其基本原则，构建一套完备的创新创业教育课程体系，并在此基础上，进行课程内容的选择，健全教学方式的选取机制。目前，中国创业教育向内涵式发展，通过课堂教育和实践教育为手段来表现，创新创业教育就是要培养具备创业技能、创新精神的复合型人才。高校创新创业课程应该有一个健全的教学体系，不能将其与培训机构提供的技能训练课程一刀切。高校在进行创新创业教育时，除了为学生提供专门的技能外，还应注重学生的创业意识和创新能力的培养。高校开设创新创业教育主要体现在两个方面。

第一，要加强对企业的认识，提升企业的管理能力，充实自身的企业管理知识。大学生创业的基础条件包括：心理素质好、职业技能强、创业意识强。在当前中国大学生就业形势严峻，就业压力巨大的情况下，加强大学生创业能力和创业意识的培养，已成为当前社会发展的一个重要课题。因此，在中国经济全球化背景下，应把握这一机遇，积极引导大学生自主创业，为社会创造更大的价值。在高校实施创新创业教育的过程中，培养大学生对新的创业机遇的认识，是培养大学生创新精神的重要途径。总而言之，在创新创业教育中，有利于培养大学生的创业意识、创业精神，有利于营造良好的创业氛围，使大学生体会到创业的乐趣，转变大学生的创业观念，使其把创业当作自己的一项事业。大学生应抓住中国特色社会主义新时代提供的机遇，正确定位自己的创业目标，正确认识中国的机遇，积极投身于创业实践。总之，在创新创业教育中，可以营造一种良好的创业氛围，使学生们真正了解到创业的必要性和紧迫性，转变就业观念，树立创新意识，抓住机遇，积极开展创业活动。

第二，针对少数有创造力的学生，进行针对性的训练，培养其刻苦钻研的精神，培育其创业的胆识，促进其个性品质、专业能力和创业技巧的提高。对这部分群体开展创新创业教育，重点是培养他们的决策能力、规划能力、应变能力、抽象思维能力、管理创新能力，重点训练他们在创业中必备的沟通技能、团队合作精神，让他们可以在创业中真正拥有融资、领导和企业家的精神，可以合理地解决企业在资金运作过程中所遇到的问题，可以从容地应对突发事件，获得团队成员的信任。要想实现创新创业教育的目标，不是一朝一夕就能完成的，它是一个比较复杂的过程。在这个过程中，我们需要不断地去发现问题、分析问题、解决问题，从而推动创业目标的实现。

一、大学生创新创业教育的共性目标

在中国各高校的创新创业教育中，培养学生的基本创业素养是共同的目标。创业基本素质包括两个层次：一是先天因素，也就是我们常说的创业天赋，它是一种与生俱来的遗传品质，也就是创业的基础；二是在一定的社会环境下，经过后天的熏陶所形成的与创业有关的品质。以上两个层面的创业基本素质在创业过程中都会表现出相对稳定的特征。

（一）创业意识

创业意识是创业活动的核心，它是创业者在创业活动中全部社会属性的集合。它可以被界定为创业者开展创业活动的一种心理素质，它主要在创业活动的早期发挥作用，具体包含了创业的基本动机、对创业机遇的把握、对创业行业的准确分析以及能够成为企业家或管理者的潜在素质，比如价值观或创业信息等。

（二）创业知识

创业知识是一个统称，它指的是创业者在创业活动中所必须具备的各种知识和能力的总称，比如企业管理知识、营销策划活动、金融相关知识及法律法规相关的知识等。创业知识对于创业行为有着不可取代的重要性，对于创业者来说，具备足够的创业知识，能够拓展其创业思维，从而影响其创业行为，因此，创业知识成为创业成败的关键。

（三）创业能力

创业能力与创业意识是两个完全不同的层面，创业能力强调的是后天因素，是创业者经过学习和实践活动所掌握的对创业活动效率有影响的各种因素的总和，只有创业者具备了相应的创业能力，创业者的创业活动才能顺利进行。创业能力主要是指创业者的决策能力、团队协作能力、领导能力、人际关系能力、市场机遇的捕捉能力等。

(四)创业品质

创业品质是指创业者个人道德品质在创业活动中的具体体现。良好的创业品质是创业活动得以长久开展的重要保证,它能够很好地引导创业活动在国家法律法规允许的范围内进行。创业品质同时是一个具有较高社会认同度、较强社会责任感的创业企业所必须具备的一个重要因素。一般来说,创业者的思维和行为模式、创业者的社会道德认知、创业者的社会责任感、创业者的自我情绪的控制能力,以及在面对挫折和失败的时候具备的调整心态的能力都属于创业者的品质。

二、高校创新创业教育的个性目标

创新创业教育的共同性目标是开展创业活动的基本条件,同时要想真正实现并开展创业活动,就必须进行创新创业教育,特别是进行开创性教育。在高校,要实施开创性教育,就必须确立高校创新创业教育的个性目标。创新创业教育是一种创造性的教育,而这一切都要通过创新创业教育的个性目标来实现。简而言之,就是高校创新创业教育的个性目标,其目的是通过对创业者的创业技能和知识进行培养,依托良好的社会环境,合理地创造出一种新的创业格局。开创性教育的主要内容包括以下几点。

(一)要有敏锐的洞察力和决策力

优秀的创业者应该具有一定的创业前瞻性眼光,能够准确地预测市场变化,从而更好地抓住市场的商机,在市场竞争中占据主动地位。在创业决策时,创业者要自主决策,善于决策,用自己的创业意识,根据自己的创业能力,进行理性的决策。

(二)要有冒险精神和竞争意识

对于创业的冒险性,创业者要利用自己对市场信息的掌握,在面对市场中的新机会时,要进行理性的分析,敢于尝试、敢于冒险,并做好失败的心理准备。创业者必须要明白,市场竞争是无处不在的,在激烈的市场竞争中,我们不能后退,而要在做好充分准备的基础上,展现出不畏对手的强大竞争意识。

(三)要有坚强意志和创新能力

在面临困难的时候,特别是在创业早期和处于创业瓶颈的时候,创业者要发挥出坚韧不拔的精神，最大限度地发挥自己的优势和各种资源解决问题。创业者开展的是创造性的活动，这一特质就要求创业者能打破常规，创造性地开展活动。

（四）要适应市场的变化，加强沟通

由于市场环境的复杂性和可变性，因此这就成为创业者们面临的一个现实问题。不管是地理位置、政策制度，还是虚拟环境的改变，这些都需要创业者具备一定的适应新环境的能力。一位出色的创业者，也是一位出色的领导者。他要擅长掌控全局，尤其是在面临复杂多变的创业环境时，他要发挥自己解决问题的特长，在听取别人意见的情况下，做出正确的决策。除此之外，还要擅长交流与沟通，创业活动不可能仅仅是一个人的活动，所以一定要与其他人展开交流与沟通，这就要求创业者要做到平易近人，要做到与人为善，只有这样，才能在市场经济的大环境中，与人和谐共处，才能在创业中取得成功。

第二节 大学生创新创业教育课程体系建设现状分析

近几年来，我国高校创新创业教育课程已逐步普及到各个院校中。从制度建设到课程内容的设置、到学校对课程的重视、再到学生的参与都有了很大的进步。由于我国高校的地域观念、不同类型高校的办学传统以及实际条件的不同，我国高校创新创业教育的课程设置也存在一些问题。

一、创新创业教育课程体系初步形成

高校对创新创业教育给予了很大的关注，并在此基础上建立了相应的课程体系：课程覆盖面广、学生自主创业率逐年增长；注重大学生创业意识、创业精神和创业能力的培养，形成了多元化的学科体系；在此基础上，提出了一种新的、具有高素质和高技能的创业型人才培养模式。

（一）课程覆盖面广

随着高校对创新创业教育的日益重视，在高校开设了大量的创新创业课程。从研究型高校到高等职业技术学院，都设置了创新创业教育的课程，特别是在面

向全体学生的公共选修课中,增加了创新创业教育的模块,让更多的学生有机会进行创新创业教育,从而提高他们的创业意识。

(二)课程体系多样

当前,我国一些高校已经发展出了一套多元化的创新创业教育课程,它主要有三种类型:第一种是面向全体学生的创业通识课程,它的主要目标是培养学生的创业精神和创业意识;第二种是创业教育项目,主要包括创业精英班、创业精英班等,旨在培养大学生自主创业能力;第三种是由国际劳工组织设立的创业教育课程,如"大学生KAB创业基础""创办你的企业(start your business,SYB)"课程等,以普及创业知识和技能为目的。上述课程体系在培养学生的创业意识、创业精神和创业能力等方面都已初见成效。

以浙江大学为例,在教务处正式注册的、列入教学培训计划的课程分博士、硕士和本科三层次七小类(表5-1)。

表 5-1　浙江大学创业教育课程层次与类型

课程层次	类型	开课学院
本科	主修专业:创业管理	管理学院
	第二学位:创业管理	管理学院
	辅修专业:创新与创业管理	竺可桢学院
	全校公共选修课	全校范围
硕士	MBA(工商管理)	管理学院
	科学硕士	管理学院
博士	创业管理博士	管理学院

浙江大学在全校公共选修课体系中引入"大学生KAB创业基础"课程。该课程属于共青团中央、中华全国青年联合会与国际劳工组织合作的KAB创业教育(中国)项目,以国际劳工组织编写的英文教材为蓝本,其核心内容是国际劳工组织为培养大中学生创业意识和创业能力而专门开发的课程体系。该课程教学内容分为8个模块,依次为:什么是企业、为什么要发扬创业精神、什么样的人能成为创业者、如何成为创业者、如何找到一个好的企业想法、如何组建一家企业、如何经营一家企业、如何准备商业计划书,教学时间为36个学时。

浙江大学党委学工部引入"创办你的企业(SYB)"项目,该项目面向浙江大学全体全日制学生，学生只需经过面试选拔即可免费接受培训。SYB是"创办和改善你的企业(SIYB)"系列培训教程的一个重要组成部分，由联合国国际劳工组织开发，是为有愿望开办自己的中小企业的人量身定制的培训项目。SYB的培训课程总共分为两大部分：创业意识培训和创业计划培训。课程内容包括：将你作为创业者来评价、为自己建立一个好的企业构思、评估你的市场、企业人员组织、选择一种法律形态、法律环境和你的责任、预测你的启动资金、制订利润计划、判断你的企业能否生存、开办企业。

在课程设置上，浙江大学的创业教育课程可分为创业知识类、创业能力类和实务操作类三大类(表5-2)。

表 5-2　浙江大学创业教育课程内容

课程类型	课程内容
创业知识类	管理学、经济学、会计学、财务管理、创业管理、市场营销、组织行为学、人力资源管理、创业融资与投资管理、创业风险管理、国际商务、企业法与知识产权管理、企业战略管理
创业能力类	管理沟通、新产品开发、项目管理、创业领导
实务操作类	商业计划书、创业竞赛、企业实习

（三）探索创业课程与专业融合

在对学生的创业精神、创业意识进行培养的过程中，将创业教育课程与专业课程进行有机融合，这是创业教育今后的发展方向，也是创业教育达到更高层次的必然要求。

在专业教育中，融合创业教育能够及时地反映本学科专业领域的前沿知识、相关交叉学科专业的前沿信息、相关行业与产业发展的前沿成果。将创业课程与专业课程相结合，以创业活动为出发点，加强实践环节，对专业技能进行全面、深入的学习，为学生提供与创业活动直接有关的专业技能。

国内高校也开始了这方面的积极探索。例如，温州大学依托其创业人才培养创新实验区的优势，在服装设计、法学、汽车工程等专业探索创业教育课程与专业课程的融合。温州大学在推进创业教育的过程中，鼓励专业教师开设专业类创业教育选修课，现已经在经济学、国际经济与贸易、市场营销、财务管理等专业设置了"中小企业创业实务""温州企业家创业案例分析"等专业选修课；在汉语言文学、广告学、艺术设计、服装设计与工程、汽车服务工程、工程管理等专业分别开设"媒介经营与管理""鞋类产品市场营销""服装市场营销""服装企业管理""汽车营销学""汽车服务经营与管理""建筑企业管理"等专业选修课。

二、创新创业教育课程实施效果欠佳

由于各种原因，导致高校创新创业教育课程在执行过程中出现了一些问题，这些问题主要体现在：课程体系的整合程度不高，课程内容的编排不合理，教学方法的有效性不够。

（一）课程体系的整合度不高

我国高校创新创业教育的课程整合程度较低，这是一个较为突出的问题。为使创新创业教育的方针政策得到全面贯彻，各高校开设了各种形式的创新创业教育课程。然而，不同的课程属于不同的管理和实施主体，它们之间缺少联系和整合，资源呈现出条块分离的状态，这就导致创新创业教育的资源利用率较低，重复和浪费的现象十分严重。

高校普遍存在多重管理主体的问题。创业教育强化课程一般是由管理学院和经济学院提供，专业化创业教育课程隶属于不同的专业学院，SYB（创办你的企业）、KAB（了解企业）等课程则由团委和学生处等单位负责，各类创业课程相互独立、分散实施，缺乏联动机制。导致这一现象的原因有很多，主要是很多高校的创业教育实施是基于行政指令，抱着完成教育部任务的心态来开设创业教育课程，属于"任务主导型"，缺乏内在的发展动力，创业教育没有成为学校的自发性需要。一些重点高校以追求"高精尖"的学术研究为导向，容易忽视创业教育，没有将其纳入人才培养的整体规划中。

（二）课程内容编排不够合理

在课程实施过程中，课程内容的安排是非常重要的。要想培养出一批高质量的创业型人才，必须有科学、合理的教学内容。目前，开展创业教育的大部分高校，其教材及教学内容并无统一的规范和权威的标准：有些教材只是从国外简单的翻版或套用，没有考虑到中国的国情；有些教科书只是对一些零星的创业实践做了简单的梳理，没有足够的理论深度和合理性；也有少数结合地方和学校自身实际而开发的校本教材，但由于缺乏科学依据，大都是简单的拼凑。这些教材不能很好地展示创业教育的理论深度和实践发展,不具备普遍指导意义。

(三)教学方法有效性不足

教学方法是开展创业教育的关键,但目前开展创业教育的高校普遍存在着教学方法单一,实践性不强,效果不佳等问题。作为非专业的创业教育教学主要是以讲授的方式进行,每个学期只有1~2次的实地参观(科技园、企业等);在专业类的创业教育教学或创业强化班中,以讲述创业理论知识为主,并辅以专家讲座、实习参观等活动。这些方法以理论知识的传授为主,缺乏实际操作的教学方法,与传统的经管类、商学院的教学方法没有区别。例如,以项目为中心的教学方法,不能很好地体现出创业教育的专业特点,更不能体现创业教育教学中的针对性了。

大多数教师认为,理论知识的学习是基础,同时辅以经验交流、实践锻炼等方法,从而使学生可以学以致用、理论联系实际,而学生们对创业理论知识的兴趣并不大,更喜欢实践导向、动手为主、创业过程模拟分析等方法,希望亲自参与创业实践,获得创业体验和经验。

第三节 大学生创新创业教育课程体系建设策略

创新创业教育具有很强的实践性,高校创业教育同样不能脱离课堂进行,而且高校的创业教育与一般的教育有着很大的不同,因此,高校创业教育课程应该如何设计,已经成为许多专家和学者讨论的问题。当前,我国高校创业教育的课程设置主要有以下三种观点:第一是根据教学内容将其分为实践课和理论课;第二是根据课程表现形式不同分为隐性课程和显性课程;第三是根据授课形式不同划分为学科课程、环境课程、活动课程和创业课程。本书依据高校创新创业教育的共性目标和个性目标,将高校创新创业教育课程做了以下体系设置。

一、创新创业教育的基础学科课程设置

创新创业教育基础课程,旨在为创业者提供一个开展创业活动的依据。它的目的是,为创业者建立起创业基本理论体系,加深对"什么是创业"的理解。创业所需要准备的知识和技能储备,可以从创业教育基本理论、创业知识基础和创业

导师课程这三方面来进行设计。

（一）创新创业教育基本理论课程设置

创新创业教育基本理论课程设置的目的是使创业学生认识到创业是什么，介绍最基本的创业理论。开设了"创业学概论""创业基础理论""创业辅导"等系列课程，并在此基础上开设了相关专业。①以"创业学概论"为基础的创业教育课程，主要目的在于让学生了解创业的含义，了解创业需要进行哪些准备工作，掌握创业所需的各项知识，"创业学概论"是创业教育课程的基础课程。②基于"创业学概论"的"创业基础理论"课程，以"创业基础理论"为指导，使创业者对自己应该具备的创业素质、基本能力有更深层次的认知，并引入了国内外一些成功的创业者的典型事例，从而激发创业者的积极性，使他们更好地理解创业公司的发展历程。③在"创业辅导"中，不仅简要地介绍了创业的基本原理，还详尽地阐述了创业的现实含义及未来的发展方向，以及在创业的过程中应该采取的行动与思考方式；在创业活动过程中了解市场，充分利用各种资源和合理处理各种人际关系与发展问题。

（二）创新创业教育专业理论课程设置

创新创业教育专业理论课程设置旨在详细地为创业学生讲解创业过程中所需要的各科知识，如"创业法律基础""创业案例研究""管理学""市场营销学"。①"创业法律基础"作为创业教育的基础课程，旨在为学生提供中国法治环境的基础知识，特别是"公司法""行政法""知识产权保护法""劳动法""环境保护法""合同法"等与创业有关的法律法规。在学习该课程的过程中，让创业学生可以知法、懂法、守法，在法律的范围内进行创业活动，应该做到自己不违法，也要学会用法律来武装自己。②《创业案例研究》旨在使创业者认识现实生活中的实际案例，从成败两方面剖析其成因，找出成败的关键性因素，从而使其在创业实践中获得有价值的经验，并能从中汲取教训，防止重复出现错误。③"管理学"作为企业管理基础课，要求创业者理解管理学，并在此基础上，学会如何进行计划、组织、管理、决策等常规管理流程与程序，学会如何对市场进行合理的判断与选择，从而提升对市场机会的捕捉，从而实现以最低的投资为代价获取最大的收益。④"市场营销学"是一门讲述市场基本规则与特征的课程，使大学生能够深刻地理解市场的概念，从而为他们在创业过程中抓住市场机会打下坚实的基础。这门课程的重点是对市场环境、消费者的市场行为以及怎样才能对其展开市场分析，选择合理的营销策略,对市场营销活动的基本流程、方式方法有一个较为详尽的了解和认识,从而让创业的学生能够在创业活动中正确地运用市场营销手段,从而赢得更多的市场份额。

(三)创新创业教育辅助课程设置

为了更好地提高创业学生的创业活动的质量,设立了创新创业教育辅助课程,创业教育辅助课程体系属于一种由多学科组成的课程体系,应该以不同的创业学生的特点为基础来设置,应该对创业学生的学科背景、知识基础、兴趣爱好等特点进行充分的考虑,并且应该尽可能地满足他们的不同需要。在创业教育辅助课程体系中,还应注重激发有创业意愿学生的创业兴趣,培养他们的创业精神,培养他们的创造性思维,拓宽他们的视野。同时,在对大学生创业教育辅修课程进行改革时,要注重结合高校教师的实际,合理利用现有的教师资源。鉴于中国高校创业教育教师严重缺乏的现状,高校应立足于高校已有的教师资源,对其进行科学的培训,以达到全面、系统、全面的目标。例如,外语老师可以发挥自己的语言优势,向学生传授国外先进的创业教育理论和优秀的成功案例,管理学老师则可以向学生讲解企业家精神、经营管理基本理论等。在全校范围内,以选修课的方式进行创业教育的辅助课程体系,学生们可以根据自己的兴趣爱好,选择不同的课程进行学习,从而达到提升创业教育质量的目的。

二、创新创业教育的活动课程设置

由于创新创业教育是一门实践课,因此,在新一轮的教学改革中,开设"活动课"显得尤为重要。创新创业教育的活动过程,旨在让创业学生在具体的实践中清楚地了解创业活动的整体流程,在具体的创业活动中找到自己感兴趣的方向,将自己所掌握的知识、信息、技能和资源运用到具体的创业活动中,实现自己的创业意愿。在此过程中,学生能够清楚地了解到企业经营活动的一些基本内容,为今后开展企业经营活动奠定坚实的基础。创新创业教育的活动课程可以从以下四方面来衡量。

(一)创新创业教育集体活动课程

创新创业教育团体活动课程具有广泛的特点,它应该与学校的整体创业教育目标相一致,面向全校的创业学生而设计,目的是让创业学生对创业活动有更好的理解，更好地理解企业的实际运作过程和目的。它可以采取报告或讲座的形式，由学校出面，在规定的时间段，邀请创业教育专家或成功创业者与创业学生进行面对面的交流，让创业学生可以从自己的亲身创业经历中获得自己需要的东西，从而起到培养创业学生创业精神和提高创业素质的作用。

（二）创新创业教育专题活动课程

创新创业教育专题活动课程是在创业教育小组活动课程的基础上，针对创业活动的一个环节开展的一系列的创业教育实践。在这门课程中，我们选择的主题环节，一般都是相对重要的，如营销、决策等。当然，也可以根据创业学生的要求，选择他们感兴趣的环节，或者是他们认为难度较大的环节来开展主题活动。通常，创新创业教育专题活动以商业计划竞赛的形式进行，并能培养和锻炼创业学生的团队合作意识、竞争意识等。常见的创新创业教育专题课程有模拟营销大赛，参观企业了解企业文化和企业运作流程等。

（三）创新创业教育项目活动课程

创新创业教育项目活动课程是根据高等学校开展创业教育的目标，创业学生在创业教师的指导下，明确自己的创业活动的主题，自主设计创业活动项目，并在学校的支持下，亲自实践自己的创业活动，最后完成整个创业活动，之后再对自己的创业活动全过程进行自我批评、自我总结，以此来丰富创业学生的创业经验。开展创新创业教育项目活动课程，可以加强学生在创业过程中的独立判断能力和自我管理能力，还可以提高学生的创业素质，让学生在项目活动的过程中可以获得锻炼。

（四）创新创业教育项目潜在课程

创新创业教育项目潜能课程着重于在高校营造一种创业活动氛围，通过这样的创业活动氛围，对创业学生进行潜移默化的影响，从而实现对学生基本创业素质的培养，提升学校创业教育的发展水平和质量。创新创业教育项目的潜在课程手段，可以利用学校现有的条件，例如，举办企业家校友事迹展，邀请著名企业家定期举办交流会等，以此激发学生开展创业活动，培养学生的创业精神。

三、创新创业教育的实践课程设计

创新创业教育实践课程的设计有利于提高大学生对企业知识的运用，培养大学生的创业技能,有利于开拓大学生的视角,发挥大学生个人技能。创新创业教育实践课程的设计主要分为模拟创业实验和创业实践两种形式。

(一)模拟创业实验

模拟创业实验是一种创新仿真实验,学生能够模拟出创业者所经历的各个阶段,对从创业决案、创业项目选择、团队组建、如何管理企业到产品如何推广的整个创业过程进行模拟。模拟创业实验也可以采用案例分析的形式展开,让学生置身于具体案例中,将自己想象成创业者,并对自己在解决创业过程中遇到的问题和各种做法进行分析。"沟通技巧与训练""商业营销模式""商务案件分析""商业计划与培训体验"是开展模拟创业的必修课。

(二)创业实践

创业实践是为了将创业理论与实践结合。大学生的创业实践有两条途径:一条是借助学校内部的专业实训平台,把学生带到学校的物流、投资等部门去经历,让他们在与人打交道的过程中获得更多的社会经验;另一条是,可以采用校企合作的方式,利用跟企业进行沟通和谈判的机会,让更多的学生进入到企业内部进行实习,这样可以让他们对企业的经营和发展模式有更深的了解,从而积累解决各类问题的经验,为他们的创业奠定扎实的经验基础。

第四节　大学生创新创业教育的学科化发展取向

当前,高校创新创业教育深化改革呈现出向纵深发展的良好态势。但是,进一步深化改革既存在"中梗阻",也存在"最后一公里"的问题,即"一些地方和高校还只是停留在会议、文件和口头上,没有真正落实到教学观念、培养模式等教育教学的关键环节中,尚未落实到教师学生的教学和实践上"。如何切实增强高校创新创业教育发展的内生动力,防止出现名义上"加强",实际上"虚化"乃至"落空"的现实问题,其根本途径是切实加强创新创业教育学科建设,厚植创新创业教育在高校的学科基础。正如约翰·亨利·纽曼(JOHN HENRY NEWMAN)所言:"大学要么指学生而言,要么指学科而言。"高校内部的学术发展细分为不同学科，学科建设是大学建设的基本单位，任何一门学问都要找到自己的学科依托。由于当前中国高校创新创业教育还不是一个独立学科，正在为建设一个成熟的学科体系积累前期条件，本节选择使用了"学科化"的提法进行分析。所谓"学科化"，就是一个走向"科学化"的过程。"学科化"从注重成果转向注重过程，针对科研工作中出现的科研方法、流程等方面的不规范等问题，提出了构建科研工作相对独立的制度，使科研工作趋于规范化；对于科研中出现的业余性、感知性和讨论性结果，更注重培养科研人员的专业素质和工作态度，促进科研工作的专业化；对于在研究中经常出现的宏大叙述与主观猜测，更多地关注于获取相对准确的知识与构建相对系统的理论，以保证研究的科学性。当前形势下，学科化是明确一线工作者和专业教师学科"归属感"，促进"学术职业"发展的有效载体，也是明确创新创业教育目标的定位和途径，能够有效克服功利主义价值倾向，还是将创新创业教育和推向规范化、专业化和科学化的内生动力，"使创新创业成为管理者办学、教师教学、学生求学的理性认知与行动自觉"。

一、中国高校创新创业教育的学科化特性

全面准确把握高校创新创业教育的学科化特性是加强学科建设的基本前提和科学基础。高校创新创业教育的学科建设应做到：纵向上贯穿大中小学，横向上要实现政府、企业和社会三方共同参与，构建一个开放协同的人才培养机制；要主动融入"大众创业、万众创新"的时代趋势，以人才驱动为创新驱动，培养符合时代需要的创新创业人才。因此，整体性、开放性、时代性已成为当前中国高校创新创业教育学科化发展的主要特征。

（一）创新创业教育学科化的整体性

要想把创新创业教育学科化作为一项系统工程，必须要综合考虑各种社会和心理因素，还要综合分析创新创业教育与政府政策、经济发展、社会进步、科技创新及文化嬗变等外部诸因素之间的复杂关系。要理顺这些关系，需要整合相关学科的原理和知识，整合各学科的理念、方法和技术手段，逐步建立起一种高校创新创业教育的原理、知识、方法论、比较研究体系，这就需要我们充分认识到创新创业教育的总体特征。创新创业教育绝不仅仅是市场营销、金融财务、运作管理、人力资源、质量控制方法等管理课程的简单叠加，而是需要"围绕着一个企业的生命周期"，将这些知识构建成一个体系，用"基于创业过程模型的全新方法"，将独立分散的职能性课程进行整

合,从而"有助于读者对通常来说混乱和不可预测的创业过程产生全面而深刻的理解"。这就是为什么很多大学的商学院或管理学院虽然有着雄厚的学术基础,但是在开展创新创业教育时却无法收到应有效果的原因所在。也正是基于这一高度注重整体性的指导思想,杰弗里·蒂蒙斯(JEFFRY A. TIMMONS)发明了基于"商机驱动""团队驱动""资源驱动"3个核心要素匹配和平衡的"蒂蒙斯模型",这一创业过程模型解决的中心问题就是通盘整体的平衡。注重整体性成为蒂蒙斯创业教育理论和实践课程体系的突出特点,这种从整体上建构创新创业教育体系的发展趋势也是近年来高校创新创业教育研究与实践的重要发展趋势。

(二)创新创业教育学科化的开放性

创新创业教育的主要任务在高校内部完成,但教育的平台和资源却要依靠政府、社会、企业共同提供。如何有效地整合、聚集各种资源,使之成为一个整体,为大学生的全面发展服务,是当前高校创新创业教育亟待解决的重要问题。因此,创新创业教育成了连接各方关系的桥梁和纽带,以此为中心,大学与政府、企业、社会其他部门及个人之间建立起了密切而广泛的联系,形成了一个全社会支持大学生创新创业的网络。也由于创新创业教育学科化的开放特点,也就要求其在学科发展方向上有更准确的定位,在教师素质上有更高的要求和在教学方式上有更深次的改革。

首先,创新创业教育的学科发展方向,不应是一种高水平的学术探讨,也不应是一种描绘美好未来的教育理念,而应是一种"直通实际"的"教育工程",也就是要培养一种"有主动性的人",而不应是"只会说应该是什么,不知道究竟应该做什么、怎么做"。这意味着,创新创业教育要面向国家需要,不仅要"指向"新的教育导向,而且要在教育导向向教育工程化转化中"示范",要做到理论与实际相统一、设计与实施相融合。其次,创新创业教育的教师要做一名杰出的社会活动家,不仅要立足于学校所在的社区和城市,还要立足于学校所在的城市,争取支持,聚集资源;还要有国际化的眼光与心胸,立足中国、面向世界,熟练运用"请进来、走出去、全面掌控前沿信息"的方法,面向全球确立发展策略,搭建大平台,汇聚大资源,为学生的长远发展奠基。最后,开放性的学科化特征要求创新创业教育的主要任务不是解释"是什么""为什么",而是着重解释"做什么""如何做",这种全新的教学任务需要重新思考"教什么"和"如何教"的问题。创新创业教育不应拘泥于传统的"粉笔+授课"的教学模式,要充分考虑到创业教育领域

"缄默知识"大量存在的事实,要求创新创业教育回归到它的来源,也就是人类创新创业实践活动,汲取力量,而不是归隐于纯粹空想思辨、形而上的玄学抽象;创新创业教育的学习与研究,也要以丰富的创新创业实践为导向,使之在"改造世界"的过程中接受检验,并随着实践的发展而发展。

(三)创新创业教育学科化的时代性

高校创新创业教育理论研究和实践活动的深入开展与所处时代的主体特征有着密切关联。曾任芝加哥大学校长的赫钦斯(ROBERT MAYNARD HUTCHINS)在1953年大胆预测:"如果我们得以幸存,我们将活在衣食无虞却工作短缺的世界,机器将代替我们工作。"这一伟大的预言就是当今时代的真实写照,"衣食无虞却工作短缺"成为世界各国政府最为头疼的社会问题。这既是当今时代各国政府高度重视创新创业教育的根本原因,因为传统产业创造的工作岗位已经被"机器"侵蚀掉了,为了工作,当代人只能自己创造工作岗位;也是提出"就业友好型"增长的主要原因,因为国家投资建设资本密集、技术密集的大企业,难以提供大量的就业岗位,出现所谓的"奥肯悖论",即经济增长与就业增长不平衡,经济增长并不必然带来就业岗位的增加。强调"就业友好型"增长,意味着我们在保证增长的同时,也要注重增加就业机会,并加强对具有较强就业吸收能力的中小型企业的支持。这就是中国高校在创新创业教育理论与实践上都呈现出的鲜明的时代特点,而基于当前中国大学生就业难这一现实问题,中国大学的创新创业教育亟须走出一条具有中国特色的发展之路。

当然,"工作短缺"并非当今时代的唯一特征,以知识经济为主导的世界经济形态更加突显了创新创业精神的重要性。知识经济时代以经济知识化和社会信息化为主要特征,"大学必须改变传统的只传授现成知识的教育模式,而要树立创造性的教育思想,尤其像清华这样的重点大学,培养学生的创新精神应该是最重要的"[①]。知识经济时代的大学已经从社会的边缘转移到中心,直接成为催生新兴产业和推动经济发展的主导力量。大学培养的创新创业型人才成为知识经济时代社会发展的重要推动力量,他们不再是工作岗位的搜寻者,而是工作机会的创造者。正是他们创造的新兴产业为以高校毕业生为主体的青年就业群体创造了实现人生价值的平台。正是基于这一鲜明的时代特征,党和国家领导人高度重视青

---

① 刘立柱,李锐君,王刚,等.关于"全人教育"与教学改革实践[J].考试:综合版,2013(2):3.

年创新创业:"青年学生富有想象力和创造力,是创新创业的有生力量。""青年愿创业,社会才生机盎然;青年争创新,国家就朝气蓬勃。"①当前的时代,创新已经成为社会进步的灵魂,也是引领发展的第一动力,创业已经成为促进经济社会发展、改善民生的一种重要方式。创新创业是推动经济发展的重要力量,要加速培育一支规模庞大、富有创新精神、勇于实践的创新创业人才队伍。

二、中国高校创新创业教育的学科化道路

中国大学创新创业教育已经走上了一条由政府主导、由"以创带就"走向"大众创业、万众创新"的发展道路,大学创新创业教育已经成为推动我国经济和社会发展的重要力量。这就要求我们对创新创业教育有一个深刻的理解,即创新创业教育并不是一项添加在高校身上的临时任务,它不是一项应对目前经济下行压力加大的紧急措施,也不是一项解决高校毕业生就业困难的权宜之计。它是一项找准高等教育改革发展定位,全面提升人才培养质量,努力造就"大众创业、万众创新"生力军的战略选择。中国大学创新创业教育的学科建设,必须遵循符合中国实际的"专业式"和"广谱式"两条轨道同时推进,"问题导向"和"学科导向"统筹兼顾,"政府驱动"和"高校需求"上下互动,才能形成一条符合中国国情的独特之路。

(一)"专业式"与"广谱式"双轨并进

"专业式"创新创业教育形成于美国。1947年2月,哈佛大学商学院的迈尔斯·梅斯(Myles Mace)教授为MBA学生开设了"创业企业管理"(management of new enterprises)课程。这一历史性事件奠定了美国高校创业教育的3个传统:一是商学院(管理学院)成为高校创业教育的主体;二是创业教育与MBA学生培养紧密相连;三是创业教育的目标指向"新创企业管理"。"专业式"创新创业教育传统在哈佛商学院得到了传承和坚守,直到现在,它的教育对象仍然仅针对MBA(工商管理硕士)。"专业式"创新创业教育积累了教师、教材、案例、基础理论等"原始资本",使得创新创业教育在商学院内部完成了"自生长"和"自成熟"的专业发展历程。与"专业式"相对应的是20世纪90年代发展起来的"广谱式"。"广谱式"创新创业教育课程针对全校学生,采取以提升全校学生创业素养和创业能力

---

① 佚名.李克强总理给清华创客回信勉励同学们青年争创新,国家就朝气蓬勃[J].国内高等教育教学研究动态,2015(9):1.

为本位的发展路径，近年来，"广谱式"创新创业教育发展势头强劲，高校创新创业教育普遍向着"广谱式"模式发展，在商学院以外的地方教授创业开始变得流行，"科研人员学商业，科研人员学科技"已成为一种常态。目前，我国大学的创新创业教育应在"专业式"和"广谱式""双轨并行"的基础上，真正达到两者"相互助力"的目的。

"广谱式"创新创业教育的突出优势是理念先进，既考虑大多数，也不忽略极少数，实现了"全覆盖""分层次""差异化"的统筹兼顾；"专业式"创新创业教育的突出优势是目标明确，在培养学生实际创业能力方面基础雄厚。大学创新创业教育的学术化，就是要在"广谱式"创新创业教育思想的指引下，依靠"专业式"创新创业教育自身的专业力量，保证两者之间"相互助力"：一方面，要充分利用"专业式"创新创业教育对培养大学生创业实践能力的优势；另一方面，要把培养大学生创业实践能力的优势和方法运用到实践中去。也要积极推动创业教育项目向商学院之外的工程、艺术、科技等专业广泛拓展，全面融入学科专业教育之中。既面向全体学生开展"广谱式"教育，广泛地"种下创新创业的种子"，为高校毕业生设定"创业遗传代码"，普遍培养和提高所有专业大学生创新意识、创新思维和创新能力；也为少数有创业意愿的学生开设了创业实验班，为他们在大学期间或者毕业后创业提供实际的教育咨询帮助。通过整合构建"专业式"与"广谱式"创新创业教育"双轨并行"的运行机制，以此来促进教育质量的整体提升和学科建设的共同进步。

（二）"问题导向"与"学科导向"统筹兼顾

在"以创带就"的方针指导下，大学创新创业教育的研究和实践，以解决"就业难"这个最重要的民生问题为切入点，以社会和谐和政治安定为中心，将"自主创业"作为灵活就业的两个方式（另一个为"自由职业"）之一，千方百计解决大学生就业问题。在此过程中，高校创新创业教育研究以缓解大学生就业压力为首要目标，采取"问题导向"研究模式，强调应用研究和博弈论研究。对此，不应因其未充分关注学科建设而予以否认，而应正确认识"问题导向"和"学科导向"之间的辩证关系，并将两者有机地结合起来。

一方面，"解决实际问题"与"开展学科建设"是同一事物，这两方面在整个学术化过程中具有内在的一致性；从事创新创业教育的专家，如果不对大学生就业问题给予积极的关注，仅仅是将创新创业教育纳入到学院知识生产的流水线中，以僵化的学科分界画地为牢，而将很多重要的现实问题排除在研究的范围和视野之外，那么，这种研究的理论和实践基础又在哪里呢？同时，对于热点问题的研究，如果没有一个良好的理论体系来进行，那么随着时间的推移，热点问题的研究将会变得越来越没有理论基础，最终只会停留在问题的表象。为此，高校创新创业教育既应"仰望星空"，深入研究大学生"就业难"等重大问题，也应"脚踏实地"，统筹规划和设计关系长远发展的学科建设问题，以确立坚定和正确的创新创业教育价值观念，为构建科学体系和模式奠定基础。这就是"问题导向"和"学科导向"的辩证关系，以问题为导向看似忽略了学科体系的构建问题，而实际上解决问题的过程也就是学科化的过程。反之，如果简单地以学科为导向，在条件尚不成熟的情况下就展开"划界运动"，只能使学科走入死胡同。

（三）"政府驱动"与"高校需求"上下互动

目前，"大众创业、万众创新"受到了国家的高度关注，并明确提出"大众创业、万众创新"不仅可以扩大就业，提高居民收入，而且可以推动社会的垂直流动，实现社会的公平与公正。无论是个人还是企业，都要敢于进行创新创业，要在全社会中建立起一种创新创业的文化，使人们能够在创造财富的过程中，更好地实现自己的精神追求和自身价值。

"政府驱动"使得高校创新创业教育学科发展在资源汇聚、平台搭建和成果产出方面都有政策和资金保障，使创新创业教育研究可以在短时间内兴旺起来。在这一大背景下，我们需要加强对创新创业教育的研究，并对其理论体系进行完善。但是，光靠高校自主创新还远远不够，创新创业教育必须要在政府的大力支持下，把学校作为一个主体来实施，将"政府驱动"与"高校需求"紧密结合，实现上下互动。当务之急是以高校为主体建设创新创业教育的生态系统，这个生态系统的指导思想是"高校主体、企业参与、社会支持"，其中"高校主体"的重要性在于强化三方协作，以高校为主体搭建一个大学生创业平台，一方面协调各方，为大学生提供更多的资源；另一方面是积极推动知识资本化和技术市场化，成为联结政府和企业的桥梁和纽带，"真正发挥出高校作为创业型人才培养实施者、智力型资本激发引导者、新创型企业资源融合者的主体作用"。"企业参与"重在提供服务，在系统中起到支撑辅助作用，需通过完善民间融资体系，建立非营利性第三方组织等方式，尽可能地提供包括资金、技术、评估和认证等方面的专业化服务。"社会支持"重在厚植创新创业文化，营造崇尚创新、宽容失败、鼓励个性的社会氛围，使创新创业成为新的价值追求和社会取向。

三、中国高校创新创业教育的学科化发展取向

要科学地把握中国大学创新创业教育学科化的发展方向,必须把握主流和主线,分清主流和支流、主线和分线的区别。在学科化进程中,必须抓住主要矛盾和关键问题,形成良好的发展态势,必须从建立共同的教育哲学基础、明确学科的边界与主体领域、强化平台建设与人才培养三方面入手,力争有所突破。

(一)建构共同的教育哲学基础

教育哲学最为根本的问题就是本质论、目的论和价值论,作为创新创业教育,基本的教育哲学问题也是这"三论"。当前,创新创业教育哲学存在的主要问题是与教育哲学高度重合。将"培养人"这一教育的本质作为创新创业教育的本质,将"培养社会主义合格建设者和接班人"这一教育的目的作为创新创业教育的目的,将"人的自由而全面的发展"这一教育的价值作为创新创业教育的价值,这在根本方向上是正确的。但是,这种高度重合就会引发深入思考:创新创业教育的特质在哪里?它的不可替代性在哪里?如果不能对此有较深的理解,那么,创新创业教育也就丧失了其存在的必要条件与基础,最终会被普通的教育所淹没。这就需要与高校创新创业教育所具有的独特的理论特质相结合,在宏观教育规律的指导下,对专属于高校创新创业教育的本质、目的、价值进行深入的思考,以此作为高校创新创业教育学科化的出发点和落脚点。首先,创新创业教育具有"主动性"的本质。认为"主动性"是创新创业的突出特质,就是要把创业作为一种生活方式和人生态度,转化为学生的主体行为。主动性就是要充分发挥人的创造性的潜力和本能,培养"创业自觉"。其次,创新创业教育的培养目标是"超越性"。"超越性"包含了对传统的超越与对自身的超越,因此,对创新创业教育而言,其目标就是要"培养出独树一帜"。最后,以"转化性"为最终价值取向的创新创业教育。从教育过程来看,创新创业教育是一个非常困难的转化过程,从接受创新创业知识到形成创业智慧,从新发明、新发现、新创造到知识资本化,从具有创业意愿到采取创业行动,这都需要付出艰苦的努力,包括"转识成智"(知识转化为智慧)、"转知成资"(知识转化为资本)和"转意成行"(意向转化为行为)三方面。

共同的教育哲学基础是确保高校创新创业教育科学设计、顺利实施的根基,在"三论"的统合下,协调多学科研究在共同的概念和术语方面取得多方共识,消除各学科原理和方法的矛盾和冲突,努力达到整体和谐。只有创新创业教育在本

质论、目的论和价值论方面实现了高度认同,才能为以不同学科知识为基础、从问题的不同方面展开的多样化探讨奠定坚实基础,才会走出"'自己出题目,自己封闭做研究,自己欣赏自己成果'的自娱自乐的窘迫处境"。在此基础上,把创新创业教育置于国家发展战略与现代化建设发展体系中,提升到高等教育办学理念和教育体制改革的高度,立足于学生能力素质的培养和提高来切实加强创新创业教育课程设置、教材建设、教师培训及评价体系等具体问题研究,形成血肉丰满的创新创业教育学科群。

(二)明确学科边界和主体领域

为了明确学科边界和主体领域,当前,亟须做好四方面的基础工作。一是对大学生创新与创业教育进行基础理论研究。创新创业教育是一门新兴学科,目前还没有对其进行重要的文献汇编和导读,这导致广大研究者缺少必要的共同学术积累和公共话语体系,这不仅降低了学术群体的整体学术认同感和同行感,还在一定程度上对学生的培养质量产生了影响。二是对中国高校创新创业教育发展的现状进行了实证研究。由于创新创业教育发端于美国,因此,目前国内学者对创新创业教育的研究多以美国为例,虽然具有一定的现实意义,但是由于缺少对我国高校创新创业教育的关注,使得这种比较研究缺少本土基础。所以,我们要关注我国高校在创新创业教育中的实践创新,特别要关注高校整体的制度、机制和人才队伍的建设;以"创新创业"为理念,在高等教育与教学中开展了一系列的改革与创新,以提高人才培养质量。要把创新创业教育作为核心和纽带,把政府、企业、社会等多方面的资源整合起来,推进高校的实践创新,走开放型道路。三是对国内外大学创新创业教育进行对比分析。目前,国内外学者对美国、英国等国家的创新创业教育进行了大量的研究,但对印度、俄罗斯等国家的研究还很少,对芬兰、瑞典、丹麦、法国、德国等欧盟国家的创新创业教育实践也没有进行过系统的跟踪。四是将创新创业教育与多个专业领域的知识融合,形成了一种新的培养模式。在很多高校,目前依然只有专业教育这支"正规军"单兵推进,而创新创业教育则像"游击队",打一枪换一个地方。尽管有教师尝试将创新创业教育融入日常教学,但因没有形成建制的课程规划,专业教育和创新创业教育成了"两张皮"。这就迫切需要探索将"两张皮"如何拧成"一股绳",并实现水乳交融的教育模式,重点加强这方面的案例积累和经验总结推广,为创新创业教育与不同专业相结合提供范例,为在更大范围内推广创新创业教育起到应有的示范作用。

(三)加强平台建设和人才培养

高校的发展离不开平台,也离不开人才,两者相辅相成,互相促进。平台可以招揽人才;人才可以创建平台;人才与平台的结合,将会聚集资源、产生成果、使平台变得更加强大。在目前的阶段,大学创新创业教育要想取得全面的发展和提高,平台的建设是根本保证。一是"专业模式",即将学校的资源,如日常管理、师资培训、资金筹措、课程设置等全部整合到商学院或管理学院进行分配,将创新创业活动课程的师生集中在商学院或管理学院,以培养专门的创新创业人才、创新创业教育教师及研究人员为目的。二是采取"广谱模式",即以校级为单位,整合校内、校外各类资源,加强顶层设计,全方位推进高校创新创业教育,促进高校创新创业教育整体发展。三是对创新创业教育学科进行总体规划,通过三个步骤来解决其学科归属问题:第一步将创新创业教育发展成高等教育学、教育经济与管理学或比较教育学二级学科下的研究方向;第二步应该加强创新创业教育的相关研究,融合就业教育、职业生涯规划教育内容,开辟出原理、史论、方法、比较等主流研究方向;第三步整合与创新创业教育有关的研究领域,并正式在教育学一级学科下设创业教育学,或在管理学门类下建立创业学一级学科,下设创新创业教育学二级学科,最终建成创新创业教育学科。

就人才培育而言,首先是师资的培养。目前,我国高校创新创业教育师资队伍中,虽部分教师从商业院校、管理系等院校走出,但因学院内部没有将创新创业教育作为高校"主业"而处于边缘化地位;有些教师来自就业指导中心、校团委和其他学生工作部门,因为并非"科班出身",所以缺乏自信;有的来自各个专业,结合本专业教育进行创新创业教育,由于无法进入专业主流,况且短期内不能取得应有的效益,常常是单枪匹马、孤军奋战。这些教师以自己的原专业获得职称晋升,申请国家科研项目时很难找到准确的学科归属,经常在管理学、经济学、教育学、社会学等学科之间徘徊。学科"漂泊"状态使得从事创新创业教育的教师缺乏学科归属感,对学者来说,学科是他们的学术事业,没有了学科的归属感,就没有了学术事业的成功。所以,建立一个专门的发展平台是当务之急。对于"学院型""兴趣型""公益型"教师进行创新创业教育,需要分别搭建与之相适应的发展平台。"学院型""兴趣型"的师资队伍,因其同为高校教师,应着重构建培养基地等实践平台,并为其提供相应的教学资源;对"公益型"教师而言,因其多为企业与社会兼职,应搭建一个学术平台,以提高其理论水平,使其实践经验获得适当的学术化。

第六章

大学生创新创业教育实践教学体系的构建

第一节　大学生创新创业教育实践教学体系解析
第二节　大学生创新创业教育实践教学体系建设策略
第三节　大学生创新创业支持体系构建

从目前我国创业教育的发展情况及进展,以及国家有关政策文件中对创业教育的基本要求和指导方针可以看出,我国创业教育的开展是面向全体学生的,在全校进行创业教育,目的是培养学生的基本的创业素质,启发他们的创业意识,唤醒和养护学生的创业精神,但同时分类施教、注重引导,对于确实具有创业天赋及能力的同学,进行重点培育,为他们的创业道路提供更多扶持及可能性。在具体实施中,将创业课程内容与专业特色相结合,注重实践性,在学习创业基本理论和知识的基础上,培养学生的创业技能和创业实践能力,培养其具有创业的基本素质和能力。

第一节 大学生创新创业教育实践教学体系解析

当前,学术界对高校基础教学和科研培养等方面的研究比较重视,而对培养大学生创新创业能力的实践教学的研究比较薄弱。从总体上看,无论是在广度还是在深度方面,对这一问题的研究都还不够深入。现有的研究大多分散、单一,仅限于传统的视角和领域,侧重于一般、普遍问题的探讨,缺乏系统、普适问题的探讨。尽管如此,在最近几年,学者们对创新创业人才培养问题和在实践教学中体系的构建逐渐成为研究的热点问题,在此领域已经积累了相当丰富的知识与经验,并产生了许多具有借鉴和参考价值的研究成果。

一、大学生创新创业能力的培养

(一)创新创业能力的内涵及构成

以"创新创业能力"为主题的学术论文有很多,但是学者们在学术论文中很少提到创新创业能力的内涵,大多数是从创新创业教育角度来看的,主要有三种看法:第一种理解是将创新创业能力等同于创新教育中培养的创新能力;第二种理解是将创新创业能力等同于创业教育中培养的创业能力;第三种理解是将创新创业能力理解为创新能力与创业能力的结合,是兼顾创新能力和创业能力并以创业能力为落脚点。笔者认为这样理解"创新创业能力"是不够全面的。根据本书的特点,对上述关于"创新能力""创业能力"的含义进行归纳和总结,笔者认为,"创新创业能力"课程既要突出学生的基本素质，也要突出学生的创新精神和创新思维，更要重视学生的理论和实践能力，特别是他们的创业意识和创新操作能力，要有独立的发现和解决问题的能力，同时不缺乏对创新创业意识的追求。简单地说，创新创业能力是一种具有实践能力、创新能力和创业潜力的复合型能力。

人们在进行创新和创业的过程中，所需要的能力是多方面的，这并不意味着只有一项或多项能力就能取得成功。要想让创新创业主体能够发现问题、解决问题，并提出自己的新想法、新创意进而创造出有价值的东西，就必须将创新创业能力中的各个要素结合起来，形成一个整体，从而发挥出创新创业的综合效应。

1. 智力是创新创业能力的基础

智力是指一个人对事物的认知并应用所学的知识解决问题的一种能力。知识是指人类在长期的社会实践活动中所获得的对事物性质和联系的认知。智力由许多因素构成，如观察、记忆、思考、应变、分析和判断的能力。这也是人们进行认知活动所必需的普遍能力。一般的智力转化为创新创业能力，要求主体在创新创业活动中对智力因素实现有机整合，主要包括信息获取能力、创新操作能力和开创事业的能力等。

2. 创新素养是创新创业能力的核心

知识之所以转化为能力并在实践中产生新成果，关键在于创新素质。创新素养主要由创新意识、创新精神、创新思维构成。创新意识是创新思维活动的起点，是使个体产生创造行为的内驱力，是创造的意图。创新精神是创新者所具有的智力和非智力的心理素质的有机融合和升华，从而形成的一种现实的创新力量。创造性思维是人在进行创造性活动时，对新事物进行认知，其特征是多向性、形象性和突发性。

3. 创业潜能是创新创业能力培养的动力

创业潜能归属于创业意识和创业精神，它指的是在一定的社会环境和教育条件的影响下所形成的一种与其他人不一样的比较固定的态度和行为特征，它是一种思维和行为相结合的体现。创业意识的培养，包括创业的需要、创业的动机、创业的兴趣、创业的信念等；创业精神的培养主要包括形成自信心、坚韧性、敢为性、独立性、合作性等心理品质。

（二）大学生创新创业能力培养的内容和意义

大学生是最具创新创业潜能的一群人，因此，高校应当深入学习科学发展观和建设创新型国家的战略，不断深化教学改革，对大学生进行创新创业的能力进行培养，这是贯彻"以创业带动就业，提高创业能力"，推动高校毕业生充分就业的重要举措。

笔者认为，对大学生进行创新创业能力的培养，应当从如下几方面概括。①实际操作技能：培养学生在遇到问题时发现问题、分析问题、解决问题的能力。②创新思维技能：能够运用专门的词汇来表达新的问题，能够发现事物的规律，具有发散式思维、非逻辑性思维等方面的技能。③能够独立思考、独立判断、独立进行科学研究。④学术沟通能力：能够用专著、论文等方式把自己的研究结果进行阐述，并把自己的新想法、新知识传授给他人等。⑤创业潜力：当自己的实际技能与创新技能达到一定程度后，拥有可以激发自己的创意去开创新的事业与产业的潜力。对于大学生创新创业能力培养的意义，可以概括为以下几方面。

1. 培养大学生创新创业能力是国家战略的需要

21世纪以来，各国经济和综合实力的竞争已转变为科技和人才的竞争。唯有创新型人才，才能在激烈的国际市场竞争中获得更大的优势。创新是一个国家发展的灵魂，是一个国家强大的源泉。建设创新型国家，是党中央、国务院作出的一项决定，是关系到我国社会主义现代化建设全局的重大战略决定。建设创新型国家，必须要有创新和创业的素质。要实现中国特色社会主义伟大事业的发展，必须从理论上、制度上和科学技术上三方面来推进创新创业事业的发展。加强对大学生创新创业能力的培养，不仅是当前高校面临的一项重大课题，而且是推动创新型国家建设的重要举措。

2. 培养大学生创新创业能力是缓解就业压力的需要

随着各大院校的招生规模不断扩大，大学生的就业压力日益增大，就业形势十分严峻。通过创新创业教育，可以有效地缓解社会就业压力。所以，高校要全面开展切实有效的创新创业教育，对大学生的创新能力进行培养，激发他们的创业潜力，并引导和帮助越来越多的大学生加入到创新创业的队伍中来，使大学生成为为社会创造价值的创业者，由寻求就业岗位的就业者变成提供就业岗位的创业者，从而有效缓解大学生的就业问题。

3. 培养大学生创新创业能力是大学生自身发展的需要

勇于创新，追求个性，有强烈的自我意识，渴望自己的价值，这些都是当前大学生的重要特征。对大学生进行创新创业能力的培养，让他们更关注自己的全面素质与能力的提高，这些都为他们自己的发展创造了条件。通过创新创业活动，大学生可以选择一个适合自己发展的领域，突破和创新自己的想法，从而实现自己的人生价值。

二、实践教学体系的构建

(一)实践教学与教学体系

顾明远编著的《教育大辞典》[①]中，对实践教学有一个明确的解释："实践教学是相对于理论教学的各种教学活动的总称，包括实验、实习、实际设计、工程测绘、社会调查等。旨在使学生获得感性知识，掌握技能、技巧，养成理论联系实际的作风和独立工作的能力。"这种对实践教学的定义是从其内涵和外延来理解的。

根据系统论的思想，教学体系指的是为了达到教育目的，而由教学活动相关要素组成的，并以一定稳定结构形式存在的，从而实现特定教学功能的，相互影响、相互作用的有机整体。对于教学体系的构成要素，有经典的三要素说，即"学生、教师和教材"，但是现在大部分学者认为教学体系的构成除了学生、教师和教材外，还包括教学目标、教学内容和教学环境。

(二)实践教学体系的内涵

实践教学体系是一个有机的整体，大部分学者都认为其有狭义和广义的内涵之分。总体来说，由目标、内容、管理、评估体系等要素构成实践教学体系整体这是按照其广义层面来描述的，而狭义的实践教学体系是指实践教学的内容体系。本书以广义的实践教学体系内涵作为参照，但并不局限于其设定的目标、内容、管理和评估四大要素。笔者把实验、实训、实习、毕业论文等环节作为实践教学活动，把体系的管理、评估、条件、保障作为实践教学体系的环境资源来加以重新认识。笔者认为，实践教学体系是以实践教学人才培养目标为核心前提，以实践教学活动为主体内容，并以相应环境资源作为支持条件的一个有机联系的整体。

(三)实践教学体系构建的理论基础

实践教学是和社会诸多领域有着紧密联系的实践活动，实践教学体系的构建也

---

① 顾明远.教育大辞典：增订合编本·上[M].上海：上海教育出版社，1998.

涉及各种与之相关的要素。在综合考察实践教学内涵的基础上，笔者认为实践教学与学习论的思想密不可分。它们不仅为实践教学体系设计提供理论指导，也为人们认识教育本质、确立教学目标、选择教学内容等教育问题提供重要的理论依据。

学者们从未停止过对学习的探索，不管是行为主义心理学创建的"刺激—反应"学习理论，还是认知主义心理学家对人类认知过程及组成因素的研究，学者们都把注意力集中在了社会因素和个体因素上，尤其是建构主义学习理论对教育思想的影响非常大。

根据建构主义的基本原理，提出了一种新的教学方法。知识与技能的建构，必须从激发学习者的学习动机开始，但在传统的教育模式中往往是重理论轻实践，实践性不强的学生，导致他们在就业时不具有核心竞争力。这就要求我们要在高校创新创业教育中确立"主体性"；在学习过程中，应注意知识与技能的一致性，并注意教学内容的情境化。运用情景教学法，让学生的学习内容变成"真实的"，让学生在类似于"真实"的情况下，做出"真实"的学习行为。实践教学符合情境教学的要求，能够使学生在特定的社会实践、训练、实习等实践活动中，在解决特定问题的情境中，积极地建构自己的领悟过程和创作过程。

（四）实践教学体系在创新创业能力培养中的重要作用

在高校，用实践教学的方式培养的是学生的实际操作能力，以及他们发现问题、解决问题的能力。在21世纪的创新创业人才培养的要求中，学生的创新创业能力的核心就是创新，而创业是在具备了一定的创新的基础上，进一步升华而来的。因此，在高校建立以学生为主体的实践性教学体系，既适应了现代教育的需要，又适应了社会对人才的需要。构建实践教学体系是连接学生理论知识和实践能力的重要手段。学以致用是人们从古至今都崇尚的知识获取和使用的目标，其实现学以致用目标的过程就是通过实践教学。实践教学对学生运用知识和创造知识的能力进行了培养，让学生可以真正地起到用理论来指导实践的作用，为学生在毕业后走上社会工作创造了必要的条件。

在大学教育系统中，实践教学是非常重要的部分。实践教学是大学教育的核心。实践教学培养的是学生的实践能力、创新能力和创业能力，而只有在实践教学体系中，实践教学的功能才能被更好地发挥出来，它是学生能力发展的必然要求。

实践教学是培养大学生创造力的重要环节。要激发大学生的创业潜力，首先要培养大学生的创业能力，其次要培养大学生的实践能力。没有实践能力，就无法培养学生的创新能力。学生创新能力是在实践过程中慢慢积累最终转化为创新意识，不知不觉提升的。

实践教学具有深刻的现实意义，其根本目的是促进学生的全面发展。21世纪，国家的兴旺发达，关键在于人才综合素质的提升，而人才综合素质的提升则是一国实力增强的体现。在学生步入社会之前，只有经过实践教学，才能实现他们的全面发展，从而提高他们的综合素质。

第二节 大学生创新创业教育实践教学体系建设策略

一、当前高校实践教学体系存在的问题

近年来，中国高等院校为了提高学生的实际应用水平、提高其创新能力，在此过程中不断增加对实验室的投资，从而为提高学生的创新能力打下了良好的基础。但是，目前我国大学的实践教学还处于摸索阶段，还存在不少问题。

（一）对实践教学的充分认识和重视程度有待提高

目前，我国一些高校在教学过程中，因受传统教学模式的影响，出现了"重理论而轻实践""重知识而轻能力"等问题。在目前高校制订的人才培养方案中，以理论课程的知识能力培养为主，以实验环节的实践能力培养为辅，这种实践教学定位和人才培养模式已经难以满足学生的实践能力和创新能力的需求。实施实践性教学，一方面可以使学生在实践中应用所学到的理论知识解决实际问题；另一方面能够解决理论教学难以实现、无法代替的，如发现问题、分析问题和解决问题的能力培养。为此，高校应迅速更新教育理念，树立以实践教学为中心的创新教育理念。

（二）高校实践教学改革缺乏整体规划

很多大学把重点放在实践教学活动上，如开设了实验、实训、实习等各种实践教学环节，虽然每一个环节都有一定的时间保障，但是各个环节之间缺乏有效的内部联系，也缺乏有机的结合，呈现出一种杂乱无章的状态，这与创新型人才

培养的目标有很大的差距。实践教学体系是一个相对完整的教学体系，具有相对独立的特点。在建设与实施过程中，要避免孤立与片面性，应紧扣专业人才培养目标，以系统思维与整体最优的思想理念为指导。

(三) 实践教学体系构建需挖掘与之相适应的环境条件

与高校的理论课相比，实践教学的开展要耗费更多的人力和物力，其受到实验设备、实验场所、实践教学教师等方面的限制，同时也要得到社会和企业的大力支持，所以实践教学的实施难度较大。在师资力量方面，主要表现为：缺乏具有专业技能的专业技术人才；实践教学硬件设施的建设，涉及实验室、仪器、实验条件等方面的投入，因此，必须对实验教学进行全面、系统的研究。一些实力雄厚的高校，虽然已经有了自己的实验室，但是还没有形成一套合理的运行与资源共享机制；在实训基地建设上，很多高校都没有设置足够的校外实训基地，而且很多实训基地的稳定性较差，很难充分发挥实训基地的作用。

二、实践教学体系的理论构建原则

要实现实践教学体系的有效运转，就必须充分考虑各因素之间的相互影响。在综合了创新创业人才培养范畴和实践教学体系特征的基础上，提出了在构建实践教学体系过程中需要遵循的一般性原则。

(一) 目标性原则

高校实践教学体系的建设，要把培养大学生的创新创业能力作为核心，以培养既有扎实的理论基础，又有较高的创新素养，还有较大的创业潜力的人作为出发点。制定的实践教学体系，应根据高校人才培养规格、专业学科特点及发展规律及社会对人才的需要，设定明确的、有针对性的、具体的目标。

(二) 系统性原则

要根据高等教育的规律，结合人才培养的特点，用系统的科学方法，对各个实践教学环节的地位、作用以及相互之间的内在关系进行全面的安排。在实践教学的时序安排上，要保持其连续性，要处理好实践与理论的关系，合理地分配课时，保证教学流程的系统性。实践教学与理论教学的相互衔接、相互渗透，使体系内的各个环节协调统一，贯穿于高等教育的全过程。

（三）层次性原则

大学生综合素质的提高是一个循序渐进的过程，遵循这一客观规律，实践教学体系也应分阶段、分层次逐步深化。其实践教学目标要由易到难，实践教学环节由简单到复杂，实践教学方法由单一到综合，分阶段、分层次循序渐进地加以构建。

（四）实践性原则

实践出真理，因此，在构建实践教学体系时，要以培养学生的实践能力为目的，这主要体现在：实践教学目标要与社会发展和人才需求相适应，除了培养学生的应用实践能力，还要注重创新创业能力，以满足学生自主发展的需要。在课程内容上，应注重知识点的更新，以实践和训练活动为主，通过模拟真实的情境进行实践教学。

三、面向创新创业能力培养的实践教学体系

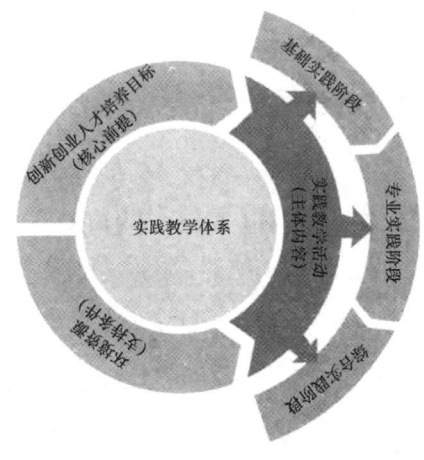

（一）实践教学体系结构

实践教育人才培养的目标是构建实践教学体系的核心和前提条件。以实践教学活动为主要内容，并将各自的环境资源视为一个有机联系的整体，因此在构建面向创新创业能力培养的实践教学体系时，培养大学生创新创业能力作为实践教学人才培养目标与实践教学活动和配套的环境资源构成了体系中三大要素。这三大要素各有内涵又相互联系、相互促进。实践教学体系结构如图6-1所示。

图 6-1 实践教学体系结构

（二）实践教学体系构建的目标导向

创新创业人才培养目标是高校实践教学体系构建的目标导向，也是其核心前提。这就说明，在构建实践教学体系的时候，要将对学生的创新创业能力作为主要目标，并将其贯穿到整个实践教学体系的每一个环节中，通过实践教学，对学生的动手能力、创新素养和创业潜能进行培养，提高他们解决实际问题的能力，提升他们的综合素质，使他们的德智体美全面发展。

1. 培养学生理论联系实际的能力

实践教学的主要任务是使学生能够把理论知识和实际操作能力有机地结合起来，把课堂教学和社会实践有机地结合起来。这种方式让学生在踏入工作岗位之后，能够将理论与实践相结合，将理论知识运用到实践中，来指导他们的思想，去观察和处理问题，并在实际工作过程中，解决他们所遇到的实际问题。

2. 培养学生发现问题、解决问题的能力

从用人单位的角度来说，目前的大学生在问题意识、问题解决能力等方面存在不足。由于缺乏实践经验，在工作中难以发挥高学历知识教育的优势，因此要利用实践教学，积极调动学生的观察力、理解力和思维能力。

3. 培养学生创新能力、激发学生创业潜能

21世纪人才的培养，需要的是创新。在这个瞬息万变的时代，只有具有创新能力的人才，才能对社会的发展起到重要作用。通过持续培养学生的创造力，激发其创业潜力，才能开拓新的产业与新的领域。

高校要根据自身的办学定位，适时调整各学科的教学计划，以培养学生创新创业能力的教学理念为指引，注重实践教学体系中各环节的一致性、整体性，完善实践教学内容，积极培养学生的实践能力，以满足新时期学科专业发展对专业人才的需要，实现创新创业人才培养目标。

四、实践教学体系构建的主体内容

如图6-1所示，按照不同的教学目标，遵循实验内容深度的递进，实践技能层次的递进，综合应用水平的递进原则、实践教学活动主要包括基础实践阶段、专业实践阶段和综合实践阶段3个层次阶段。通过这3个实践阶段，学生可以合理地、循序渐进地安排实践教学活动，将创新创业人才培养目标和实践教学内容具体落实到各个阶段中，达到学生实践能力、创新能力的培养要求。其中，每个

层次阶段都有不同环节的实践教学活动，如图 6-2 所示。

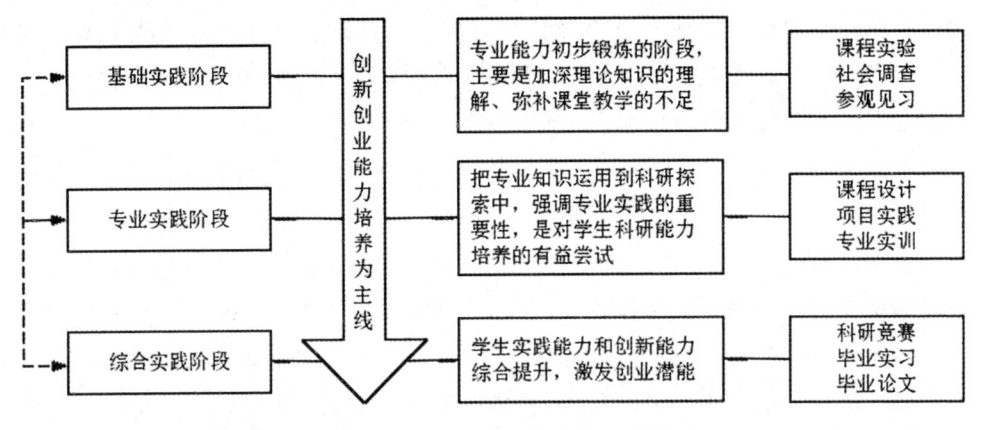

图 6-2　创新创业人才培养实践教学活动

在基础实践阶段，对学生的专业能力进行初步的培训，加深学生的理论知识，弥补了课堂教学的不足，是学生进行专业实习的必要条件，并在此基础上，提出了一种新的教学模式。课程实验的教学目标是在理论知识的支撑下，培养学生以动手能力为主的基本实践能力，并在实际操作与应用中寻找和解决问题。社会调研是指通过实地调研，激发学生对本课程所涉及的理论问题进行检验和解决；参观实习以增加自己的专业知识和阅历为目标，以教师带领团队到与自己所学专业有关的学校以外的单位进行参观为主。

在专业实践阶段，通过对专业知识的系统学习，并将所学知识运用于科研，突出专业实践的重要性，也是一种有效的培养学生科研能力的尝试。毕业实习主要由三部分组成：课程设计、课题实施、实习。课程设计对于培养学生提出、分析和解决问题并初步形成科学研究的专业综合能力起着至关重要的作用，也是巩固所学的理论知识的重要途径。在教室里，学生只有很少的时间去学习某一科目，因此，他们不可能完全掌握某一科目的专门知识。所以，在课题实践环节，可以让学生根据自己的特长，选择自己感兴趣的一门学科，在教师的指导下，组成课题小组进行研究。在相互帮助、相互学习的过程中，能够培养团队协作的精神，将多学科的知识结合起来，提高学生的设计实验的能力。专业实训以校企合作为主，由学校老师、企业老师带队，进入实际的工作情境，使学生更好地熟悉工作环境、更好地适应工作、更好地适应行业需求，是联系校内教学与企业需求的一条纽带，也是提前模拟毕业实习的一种手段。

专业实践阶段是在对专业知识进行了系统的学习后，开始将所学到的知识应用到研究中去，它强调了专业实践的重要意义，也是一次有效的对学生的研究能力进行培养的尝试。专业实践阶段分为三部分：课程设计、项目实践和专业实训。课程设计在培养学生提出、分析和解决问题，并初步形成科学研究的专业综合能力方面发挥着关键的影响，它也是对所学的理论知识进行巩固的重要途径。在教室里，学生只有很少的时间去学习某一科目，因此，他们不可能完全掌握某一科目的专门知识。所以，在课题实践环节，可以让学生根据自己的特长，选择自己感兴趣的一门学科，在教师的指导下，组成课题小组，进行研究。在相互帮助和相互学习的过程中，可以培养出团队合作的精神，将多学科的知识融合在一起，从而提升学生的设计实验的能力。专业实训主要采取的是校企合作的方式，由学校教师和企业教师带领，让学生们深入到真实的工作环境中，让他们对工作环境有更好的了解，更好地适应工作，更好地满足行业的需要，它是连接学校教学和企业需要的一条纽带，同时也是一种可以让学生提前进行毕业实习的方法。

五、实践教学体系构建的环境资源

实践教学体系的构建必须有一系列教学硬件和软件的提供，才能保障实践教学的顺利开展，这些软件和硬件构成了实践教学体系的资源环境，其主要包括实践教学体系构建的前提条件、环境保障、质量保障等方面。

（一）完善实践教学管理机制是高校实践教学体系构建的前提条件

适合创新创业型人才培养的实践教学体系必须要有与之相适应的实践教学管理机制作为其前提条件。其管理机制包括以下内容：①分级组织管理。高校实践教学管理实行校、院两级管理制度，学校负责制定与之相适应的管理办法与措施，二级学院是其组织与实施的主体。②课程体系的建设。当前的高校里，大多数学生都是按照专业教学计划，学习相同的教学内容，而不能自主选择个性化的课程，这样的形式并不有利于大学生实践创新能力的培养。完善实践教学制度，需要实行"弹性学分制"，保证学生获得学分途径的多样性和灵活性，促进学生创新能力的最大化发展。③实行考核管理。构建起对学科专业资源、软硬件条件、校内外实训实习基地等实验教学资源进行高效利用和共享开放的机制，确保最大限度地发挥实践教学资源的作用，为实践教学活动的开展提供可靠的保障。此外，还必须对实践教学的每一个环节建立起一套与之相适应的评估和反馈机制，以此来提升实践教学的质量，并以评估和反馈来确保实验教学改革的机制，从而更好地对实验教学资源进行合理的分配和利用。

(二)实践教学基地建设是高校实践教学体系构建的环境保障

实践教学基地的建设可以划分为两类:一类是内部的,另一类是外部的。校内实训基地以本校的师生为主,采取校企结合的模式,在校内开设企业培训课程,进行企业模拟实习,是一种能充分体现学校管理和专业特色的实训场所。校外实训基地是指以企业为依托,以企业为主体,以实际需要为基础,对学生在校外的实训过程进行管理与指导的过程。良好的实践环境是培养学生实践能力和创新能力的重要基础。所以,高校应该将校内实训基地发展作为核心,向校外实训基地进行拓展,采取校内外共建相结合的思路,为高校实践教学改革提供基本的环境保障。

(三)高素质的实践教学师资队伍是高校实践教学体系构建的质量保障

近年来,很多高校开始认识到,实践教学人员已不再是传统观念中的教辅人员,而是教学活动的主体。实践教师的素质与培养学生的实践能力和创新能力有很大的关系,所以,为了满足新的实践教学体制的需要,高校必须加强实践教学的师资队伍建设。高校应积极开展"双师型"实践性教师的培养,通过多种方式的培训和培养,培养出一批既有理论基础,又有教学技能,同时又有较高专业技能的实践性教师。同时,要建立健全的评价制度,以激励教师参与到实践教学工作中来。

第三节 大学生创新创业支持体系构建

一、支持体系基本构建思路与原则

在"互联网+"快速发展的今天,大学生创业遇到了许多困难,有资金方面的,有政策方面的,有技能方面的,还有服务方面的,等等。虽然一些高校开展了大学生创业培训,但是仅靠这些不能很好地为大学生的成功创业服务。支持服务高等学校毕业生创业是一项系统工程,需要一个完整、成熟的教育服务支持体系。目前,中国尚未形成一个完整的创业支持体系,而在发达国家(尤其是美国),除了有先进的创业教育体系和完善的理论支持外,还有一套比较系统完善的支持大学生创业的政策,为大学生创业提供了有力的保障。因此,可以借鉴发达国家的经验,并结合目前中国大学生创业服务体系中存在的不足来完善创业支持体系。大学生创业支持制度的完善是一项长期而艰巨的任务,我们不能为了追求快捷、便捷而盲目地复制国外的先进创业支持体系,也不能忽略中国的实际情况,而是要立足于现实,借鉴国外的成功经验,在实践中加以改进,才能真正保证和执行大学生创业的各项服务工作。

二、大学生创业支持体系的构建策略

建立一个以家庭、社会、国家为基础的,适合中国国情且符合大学生当下要求的,较为全面的创业支持体系,以便让大学生对创业的各个方面有一个更好的了解,并帮助他们解决在创业的过程中所面临的问题。全面支持鼓励大学生充分发挥自己的主观能动性、创新思想、突破自我、积极创业,为展现中国大学生自身的真正价值、促进中国经济快速腾飞而努力。

(一)建立完善的创业政策支持体系

改革开放 40 多年来,中国的经济增长速度稳步提升,在这样良好的经济环境中,有着潜在的、巨大的创业机会,然而在中国现行的市场经济体制下,仍然有许多不完善的地方,大学生创业如果一味地像美国那样靠市场去主导,初出茅庐的大学生企业势必会举步维艰,从而影响大学生再创业和其他大学生创业的信心和积极性。中国政府及社会团体应从多个角度,出台一系列鼓励大学生创业、便利大学生创业、保障大学生创业的政策与措施,让大学生创业成为推动中国经济发展的一股不可忽视的力量。

1. 创业鼓励

政府、高校、社会团体等应积极出台各种鼓励大学生创业的政策,并尽可能使更多的人认识到政策的存在。以往的时候,政策虽然有,但没人知道,有些大学生会因此而放弃创业的念头。社会各界应该通过各种媒介深入宣传鼓励大学生创业的基本政策和措施,让广大有潜在创业想法的大学生通过了解这些鼓励政策来产生其心灵上的共鸣,从而将创业理念转化成创业现实。与此同时,要对大学生创业的典型案例进行多角度的报道,在大学生心目中树立一个典型的创业者形象,营造一个非常轻松友好的创业氛围。同时,社会各方面也应加强协作,举办有利于大学生创业的社会活动，并对其提供一定的激励措施，以提高其创业的动力。

2. 税费减免

为了让大学生能够更好地开展创业活动，政府和社会各方面都应该在税费方面做出努力，对大学生在创业过程中所涉及的各种手续进行简化，对相关的行政成本进行减免，从而降低公司的负担，同时在各项税收中给予企业更高比例的优惠。

3. 技术支持

大学生企业在成立后，极有可能会遭遇到一些核心的技术问题，从而对其进一步发展造成障碍。此时，政府就需要制定相关的法律法规，来保障大学生企业的核心技术能够顺利地获得。尤其是，在条件允许的情况下，要求国有企业和知名企业尽量与大学生企业展开技术交流，在技术层面上给予大学生企业一定的援助。同时，高校的科研力量还能为大学生提供一个强大的平台，为他们提供技术改造提供帮助。同时，大学生创立的企业在产品营利后，对学校的科研力量进行反哺，进而提升高校的科研水平，最终形成一个"教学—科研—产出"的良性循环。

4. 项目支持

虽然大学生创业初期的发展前景很好，运营模式也很好，但是如果没有好的项目，没有盈利的话，也无法让他们长期地生存和发展下去。大学生在刚毕业时，还没有建立起足够多的关系网和社会网，如果市场渠道不畅通，就会造成大学生创业的失败。因此，政府和社会组织应该对大学生进行正确、合理、积极的引导，分配一定比例的政府采购项目和社会采购项目给大学生企业，帮助其顺利拿到订单。

（二）建立完善的创业教育支持体系

高校是大学生创业前期理论学习的基地，它对培养大学生相关的专业理论知识和创业基本技能以及大学生的艰苦奋斗、持之以恒、敢于创新的企业家冒险精神有着非常重要的影响。中国政府相关部门对高校的创业教育十分重视，1999年1月，教育部就颁布了《面向21世纪教育振兴行动计划》来构想适合中国国情的高校创业教育，并且教育部高教司于2004年确定了清华大学、中国人民大学、武汉大学等9所高校作为创业教育的试点学校来真正实施中国的创业教育。但是，因为种种原因，这些措施并未得到很好的落实和推广，造成了中国高校学生创业热情不高，创业理论知识缺乏，创业者的基础素养没有得到很好的培养。创业教育是成功创业的重要因素，有必要大力开展创业教育，为大学生创业奠定理论基础。

1. 纳入学分

高校应将创业教育纳入学分制，将其作为一门与专业课程同等的必修课程，尽可能让更多的大学生参与其中。通过对创业教育工作的考核，可以让高校的创业教育变得更加具有灵活性和丰富性，各种创业技能、创业培训、创业活动的开展都将是大学生拿到学分毕业的必要环节。因此，将创业教育纳入学分是高校进行创业教育的有效前提，有利于创业教育的普及。

2. 课程设置

在把学生拉进创业课堂之后，如何让参与创业的大学生保持兴趣，积极参与，真正掌握创业理论和创业想法就成为高校创业课程设置所要考虑的问题。课程设置的核心问题：一方面，是在各个高校的各个特色专业和相关专业开设渗透性的创业课程，使类似于化工、机械、生物等理工科的专业和法律、文史、会计等文科性的专业都有可以创业的切入点，并能够有机地结合文理专业，使学生和老师能够充分地交流，释放全面特别的创业理念；另一方面，考虑到在调查问卷中绝大多数大学生更在意的是创业相关课程的内容和形式，可以摒弃传统应试教育老师讲课、学生听课的死板模式，借鉴如美国百森商学院的圆桌会议、MIT的创业课程实验、斯坦福的模拟商业谈判等创业课程形式，使学生能够充分地了解和模拟今后的创业流程，并在此过程中结合灌输相关的创业知识，使其在模拟实验中自觉地克服创业困难，培养冒险精神和创业品质。这些措施使高校的创业相关课程更加灵活生动有趣的同时，也起到了培育大学生创业者素质的作用。

3. 创业竞赛

美国百森商学院和得州大学奥斯汀分校早在 1984 年就在高校内开展创业计划大赛(Business Plan Competition)，后来美国的多所高校如纽约大学、斯坦福大学、芝加哥大学等都开展了相应的创业计划大赛，鼓励大学生创业。我国清华大学也于 1998 年开展了"清华大学创业计划大赛"，之后的"挑战杯""大学生创业求实杯"等多项创业大赛也相继开展，并取得了一系列成果。

(三)建立完善的创业资金支持体系

企业的创建、运营和维系都离不开资金的注入。一个好的资金链状况对一家企业的正常和健康发展有很大的影响。大学生在创业过程中面临的第二大问题是资金困难。只有通过各种渠道有效地引入资金，才能支持大学生将创业构想转化成创业成果。因此，建立和完善以家庭、学校、政府、社会为基础的资金支持体系对于大学生创业有着极其深远和实质性的影响。

1. 家庭支持

很大一部分大学生的创业原始积累是来自家庭、亲戚、朋友。一方面，说明在现行的金融市场上，想要通过商业信贷来支持创业还十分困难；另一方面，说明相关的法律法规和优惠大学生创业的资金政策还不完善，亟待出台。家庭资金支持除了指大学生的自有资金和通过亲戚朋友的帮忙所获得的资金和物资外，还包括家庭对于大学生创业的精神支持。所谓的精神支持，就是家庭对大学生的创业行为表示认可，从而减轻了大学生在毕业之后，对成家立业、赡养父母等方面的经济负担，可以忍受创业过程中抛弃的机会成本以及创业失败带来的损失，相当于减轻了大学生创业负债的压力。两方面的结合，对于大学生创业初期生理和心理的压力有极大的缓解作用。

2. 学校支持

高校的资金支持能够有效地降低大学生创业的时间成本，缩短创业周期，让他们能够在高校中专注于学习理论知识、培养创业技能和创业品质以及实施创业计划和创业构想。高校的资金支持可以从以下三方面实施完成：一是将科研成果进行商业化；二是举办高品质的创业竞赛进行创业奖励；三是直接设立创业种子基金。中国很多大学都相继设立了创业基金，使其成为创业教育和创业支持工作的示范学校，有力地支持了大学生创业。

3. 政府支持

大学生在创业初期遇到困难时最希望得到高校和政府的援助，政府对大学生创业的资金支持也可以从以下几方面去入手。

第一，相应的资金政策。除对大学生创业减免相关的税费外，降低大学生创业的门槛也是一种很好的减轻其创业负担的办法。

第二，银行贷款。政府可以硬性规定国有商业银行设定一定比例的商业贷款给大学生企业，贷款利率在各地做相应的调整，同时，建立适合的担保预约制度，保证大学生可以相对容易地进行融资。

第三，政府设立创业基金。

4. 社会支持

社会的资金支持主要是指通过市场上的一些民间组织及市场力量来帮助大学

生企业融资，这是对大学生创业融资的一个补充。整合各方力量，对大学生企业进行融资援助，具体有以下三方面内容。

第一，中国的民间非营利组织（NPO）可以联合一些专门的机构投资者，对项目较好的大学生企业进行风险投资，在国外这也是比较常见的投资方式。尽管是带有股权性质的投资，但机构投资者会在咨询、财税等各方面对大学生企业进行援助，这也是本章比较推荐的融资模式，增加了大学生企业的存活率。

第二，中国民间 NPO 可以组织一些企业来投资与其发展方向相关的大学生企业，作为加盟公司、旗下公司、技术联合等，这将对双方的发展起到积极正面双赢的效果。

第三，民间 NPO 直接资金援助或者直接贷款，但是可能由于资金数额低、利率高，因此需要贷款的大学生经常反复斟酌，有一定的局限性。

（四）建立完善的创业服务支持体系

助力大学生创业获得成功需建立一套完整的服务支持体系，这为大学生创业起到润滑剂的作用。

1. 创业基地

大学生在获得了创业资金和创业项目之后，通常都需要一个固定的办公场所来展开日常的管理办公、生产办公、科研开发办公等工作，而创业基地就可以满足大学生的这些需求。这些创业基地一般都是建立在高校校园或者是经济开发区内，一旦成立，需要将自己的创业构想转化为创业产品并在市场上销售，如果做不到，那么大学生创业的失败则不可避免。因为缺少市场的经验和市场的渠道，所以大学生创业企业需要政府、高校、社会三方的市场导向的支持。除了在政策支持中提到的"政府要拿出一定的政府采购合同给大学生企业，帮助他们获得订单"之外，也需要广大的社会力量将大学生企业所在领域的相关信息进行资源共享，将信息不对称的情况降到最低。在政府、高校、市场的引导下，大学生创业者要对自己从事的相关行业信息有更好的认识，确定自己的客户资源，完成市场细分，明确自己的核心领域，从而实现创业。

2. 管理服务

创业支持体系不仅要让大学生企业成功地建立，更重要的是如何让大学生企业健康成长，不断壮大。因此，管理服务水平的高低将直接影响大学生企业的后期存活率和发展状况，本节也从三方面进行概括。

第一,在创业基地、大学创业园等设立专门的管理服务部门,对大学生企业所遇到的法律、财税、会计等相关的企业基础常识提供咨询与援助,使大学生企业尽量少走弯路。

第二,内部管理。内部管理是要让大学生创业者了解企业的产权结构和现行的企业组织结构,在合理的分配和设计下,能够让企业不至于产生一些不必要的纠纷和问题,从而让企业在创办后能够较为良好地运转。

第三,对大学生企业的相关人员进行再培训。培训的内容不再是创业的相关问题,而是关于行业内的基本问题,包括在企业内任职不同的员工应该承担哪些相应的权利和责任并具备怎样的素质和能力,努力提升企业的核心竞争力,使大学生企业能够尽快做大做强。

创业集群辐射效应使创业的大学生都在这个孵化基地进行创业,相互交流,提高大学生企业的存活率。

三、大学生创业支持体系构建发展建议

大学生创业的培育和引导,是一个长期的过程,除需要政府、社会等各方面共同努力外,更需要充分利用当下互联网经济发展势头,以"互联网+"思维促进大学生的成功创业。

(一)以"互联网+"为载体构建大学生创业教育体系

1. 利用"互联网+"技术构建适合各区域创业教育课程体系

创业教育课程是创业教育理念的主要载体和实现创业教育目标的重要手段,是创业教育实施的主要途径之一。根据高校所在区域学生的特点和需要,利用"互联网+"技术构建立体式、全天候、高覆盖的自助课程体系。例如,开发专门的创业教育网站,网站涵盖创业经典故事、创业网络课堂等;制作"碎片式"手机App移动创业课堂,给予一定的流量补贴,鼓励大学生随时随地学习创业课程;建立校方创业微信群,让创业者有问题随时得到解答等。

2. 基于"互联网+"技术构建高校创业教育实践体系

创业是一种实践性很强的活动,要利用"互联网+"技术设置一系列创业实践活动,改变传统的实践方式。例如,构建线上线下创业实践平台体验、网上模拟创业;校方可利用"互联网+"技术建立网上大学生创业园,组建虚拟学生创业公司,线上线下实战经营;建立远程创业视频系统,与创业教育专家和创业成功人

士互动交流，创业实践活动要突出"创造性""实践性"的特色。

3. 以"互联网＋"技术为支撑建立高校创业教育评价体系

创业综合素质、创业能力的提高、创业学生的数量等方面指标不能全面反映创业教育状况的实际。为了更好地判断创业教育的执行状况及成效，需要以"互联网＋"技术为核心，以创业率、创业成功率、创业教育的影响力为主要指标，构建创业教育的评估体系；构建相应的数学模型，运用大数据分析等方法进行实证研究，为促进我国创业教育的健康、可持续发展提供科学依据。

（二）强化创业教育与指导，培养大学生创业理念和创业能力

传授专业知识的同时，应当将创业教育纳入高等教育的课程体系；改革人才培养方案，使创业教育成为大学生的必修课程，进行系统地传授，培养大学生的创业意识和创业能力。在大学生实习的这个阶段，对于那些具有创业意愿和创业能力的大学生，高校就业指导部门应该及时地将他们推荐到大学生已经成功创业的企业或其他创业型企业中去，开展学习交流和实习实践，让他们对创业有更多的感性认识，让他们积累更多的创业经验，让他们的创业信心得到提升。

（三）为大学生创业提供针对化扶持，提高首次创业成功率

政府部门在简化大学生创业审批程序、放宽对创业的注册资金和场所的限制、减免创业行政收费、落实税收优惠政策等基础上，还要结合大学生文化水平高、综合素质高、社会经验少的特点，引导其从事与所学专业或兴趣对口的创业项目，将专业、个人兴趣与创业方向结合起来，并成立由高校专业教师和创业企业家组成的"创业导师团队"，对刚起步的大学生创业企业进行一对一帮扶。

（四）运用"互联网＋"新理念，打造大学生创新创业新模式

对大学生创业企业(尤其是传统产业的企业)应充分运用"互联网＋"新理念，将传统企业与互联网完美融合，走信息化与工业化相融合的路子。对于大学生创立的小微科技企业，应充分利用互联网优势，为企业打造一个开放式的创新平台，采取"众包"模式，汇聚全社会的创新力量，并以此为载体，为客户提供各类个性化的服务和体验，加快企业创新和个性化发展步伐。

（五）基于互联网技术，搭建高校众创服务平台

政府应适应新型创业型孵化平台的特点，简化登记手续，对"众创空间"的房

租、宽带网络、公共软件等给予适当补贴，尽量降低搭建平台的成本，让青年人特别是大学生的兴趣与爱好转化为各种创意，通过线上"创客联盟"、线下"众创空间"等平台将其汇聚起来，逐步将孕育于移动互联、根植于创业草根、适用于创新创意的空间，打造成为培养各类青年创新人才和创新团队，在创意者、创新者及投资人之间实现信息对称、项目对接、资本对接的创新型创业孵化综合服务平台，努力将各种创新创意转化为现实。支持新创企业利用线上"创客联盟"和线下"众创空间"等平台，重点突破技术难点，进行创新性的研究与开发。通过这种方式，不仅能降低企业科研成本，而且有利于营造"万众创新"的社会氛围。

第七章

大学生的创业风险研究

第一节　大学生创业风险的理性认知
第二节　大学生创业风险根源与类型
第三节　大学生创业风险的识别、评估与控制创业往往伴随着某种程度的风险，特别是对刚步入社会的大学生而言。在当今社会，因为大学生数量的快速增长，造成了就业竞争的日益加剧。为了缓解大学生的就业压力，我国政府开始鼓励大学生创业，并采取了一系列政策措施支持大学生的创业活动。然而，由于对创业风险的认知不足，很多大学生的创业活动最终都以失败告终。由此可以看出，在创业的过程中，大学生要全面、深刻地认识到创业的风险，并在创业的实践中有针对性地进行风险规避，这样才有可能获得创业的成功。

第一节　大学生创业风险的理性认知

一、创业风险的内涵

（一）创业风险的含义

国内外的学者从不同的研究角度和研究方法出发，对创业风险有着不同的认识。国外学者蒂蒙斯·杰弗里（Jeffry A. Timmons）认为，创业风险是影响创业决策的重要因素，其对于企业的产品以及企业的市场环境都会产生重要的影响。[①] 国内学者在对创业风险的相关研究中，对于创业风险给出的定义也是众说纷纭，如有的学者认为创业风险是人才风险引起的，即使是很优秀的创业人才也不能面面俱到，他一定在某些方面有自己的短板，从而使创业结果不尽人意。也有人认为，创业风险是创业过程中必然会存在的因素，而人才风险的因素是一些风险评估者首先要考虑的因素。还有的学者将创业风险分为两部分：一是系统风险，即由创业环境外部条件引发的风险；二是非系统风险，是指创业本身引发的风险，即与创业者、创业投资和创业企业有关的不确定因素引发的风险。

综合国内外学者对创业风险的认识，笔者认为创业风险是指企业在创业过程中，由于创业团队实力的有限性、创业条件的复杂性和创业环境的不确定性，而导致创业活动偏离预期目标的可能性。

---

① ［美］蒂蒙斯·杰弗里. 战略与商业机会[M]. 北京：华夏出版社，2002.

(二)创业风险的基本特征

既然创业风险会给创业主体带来损失,那么大学生在创业时就要尽可能地规避这种风险。大学生创业者必须要首先对创业风险的特征进行充分的了解,才能更好地规避创业风险。总的来说,创业风险具有以下几个特征。

1. 客观性

创业风险具有客观性的特征,在创业过程中,风险是客观存在的,它不以人的意志为转移。例如,企业在创业时会遭遇到自然灾害,不管是地震还是洪水,都是客观的。另外,某些突发事件等也有可能对创业产生影响,而这些风险的出现并非创业者所能控制。创业者在创业的过程中,可以采用一种规避风险的方法,即在一定的时间和空间内,对风险的存在和发生的条件进行改变,从而减少风险的出现的频率和损失的幅度,但不能将风险的存在完全消除。

2. 普遍性

在人类的发展进程中,自然灾害、战争和疾病等都会给人类带来巨大的危害。随着生产力的发展和科技的进步,人们在生产的同时,也会不断地面对各种新的风险,并且这些新的风险事件的发生概率和损失都在不断地增加。在现代社会中,风险是无所不在的,创业也不例外。企业发展过程中存在着市场、自然、技术和政策等多种风险。

3. 相关性

尽管创业风险是客观存在的,但其大小与创业者的选择密切相关。不同的企业家在采取相同的投资策略时,所面对的风险是不一样的,甚至相同的企业家,其所面临的风险也是不一样的。总的来说,因为创业者做出了不同的决定或者选择了不同的策略,所以他们所面对的风险结果也是不一样的。

4. 可变性

创业风险是在一定的条件之下发生的,所以当一定的条件发生变化时,创业风险就有可能发生变化。世界上任何事物都是绝对运动和相对静止的统一,而事物之间又存在着普遍的联系,这就导致运动变化的事物必然会引起另一事物的变化。随着人类社会的发展,自然会产生并促进风险的发展与变异。例如,国际局势的变化、金融危机的爆发、科技的变革,这些都会改变企业的风险因子,进而对企业的发展产生影响。

5. 损益双重性

创业风险是一把"双刃剑",对创业者既有积极的影响,也有消极的影响。所以，创业者必须正确地理解和运用创业风险。要知道，机会和挑战是共存的，风险未必就会造成不好的结果，它只是存在造成不良结果的可能。当然，风险的出现必然会对投资者造成一定的损失，有些是可以用金钱来衡量的，有些则是不能用金钱来衡量的。所以，大学生创业时就需要寻求一种有效的规避风险的方式。

6. 不确定性

创业风险具有不确定性，即创业信息可能与创业结果有差别，导致创业主体对未来风险事件发生与否难以预测，主要表现为不能确定风险发生的概率；无法确定何时何地发生危险；无法确定风险所产生的结果，即无法确定风险所引起的损失。当然，这种不确定性因素也会使创业者承担很大的风险，以至于有时创业者在面临不确定的创业风险时显得束手无策。

7. 可测定性与测不准性

创业风险具有可度量性，可以用几个定量指标对其进行评价。但同时创业风险的评估又不可能完全是准确的，它存在一定的误差，这是由于创业投资的测不准、创业产品周期的测不准与创业产品市场的测不准等造成的。

二、不同创业阶段的风险分析

在整个创业过程中都存在着一定程度的创业风险。在创业的不同阶段，创业风险呈现出不同的形态，其应对和化解的方式和方法也各不相同，有些风险是一直存在的，但是随着时间和环境的变化，其解决办法也要作出相应的调整。以下是对创业初期、创业过程中和创业后期的风险的具体分析。

（一）创业初期的风险

创业初期是指在打算创业到创业早期的这个阶段。万事开头难。对于首次创业的大学生来说，任何低估创业风险的想法都可能导致创业计划搁浅。具体而言，创业初期的风险主要表现为以下几点。

1. 缺乏行动

如今，不少企业营利十几万甚至几十万，这激发了不少大学生的创业梦想。然而，要实现梦想，不应只停留在羡慕和内心的激动上，而应该真正将创业计划付诸实践。大学生创业者要创业就不能有一夜暴富的幻想，不能怠于行动，而应该脚踏实地地挖好人生的第一桶金。

2. 缺乏策略

一个人想要在一家企业里取得成功，光有一颗坚韧不拔的心是完全不够的。

创业要有头脑，要有可靠的计划，要有远见，要有切实可行的办法，否则创业就是个笑话。创业不仅要有技术和能力，更要有天时地利人和的配合。在市场风云突变，商业竞争愈演愈烈的情况下，要想达到自己的创业目的，就必须用心，斗智斗勇，出奇制胜。因此，大学生创业者应当要知晓并懂得运用经济竞争技巧，做到智勇双全。

3. 缺乏资源

大学生的创业活动对人才、资金和市场等方面都有很大的需求。创业公司只有拥有优秀的人才，才能为创业公司的长远发展提供内在动力。没有人才，创业也就无法起步。如何避免企业的专业人才和业务骨干的流失，这应该是创业者经常关注的问题。对市场的判断不准确，往往会使创业公司面临巨大的风险。如果一家公司的主要产品没有竞争空间，那它的创业之路就注定要走到尽头。

资金不足也会让许多创业者遭遇挫折，它所带来的风险，始终伴随着创业者的创业之初。一家新成立的公司，一旦它的收入持续低于支出，它的资金流动就会受到影响。事实上，企业只有在经营到一定程度以后才会有资金的回流。所以，创业者必须充分估计资金的需求量。

4. 意志不坚定

自暴自弃是创业成功的天敌。事实上，在创业的时候，遇到各种各样的困难，都是很正常的事情。当遇到挫折时，如果放弃自己，那就永远不会有成功的可能了。而以乐观的心态去面对，绝不放弃，坚持不懈，才有可能获得成功。

5. 计划不明确

有了清晰的目标，才能把握住稍纵即逝的机会。创业是一条艰难的道路，光有激情、有抱负是不够的，必须要有一个清晰的目标，并且要有一个详细的计划来完成。如果计划不明确，没有方向，只会盲目地去做，很有可能会失败。

6. 准备不充分

在创业的时候，一定要谨慎投资，做好充分的准备工作，不能仓促上阵。

（二）创业过程中的风险

创业过程中的风险主要包括以下几点。

1. 固执己见

创业家要有自己的想法，但是不能一意孤行。世界上的事情千变万化，人的智慧、精力和能力都是有限的，所以不能事必躬亲，事事都尽善尽美，也不可能把所有的事都做得正确。在创业的过程中，一些规则是必须要遵守的，不能主观臆断。对于创业者来说，当他们发现他人是对的，而自己是错的时，就要主动去纠正，不然会影响到创业的目的。

2. 半途而废

大学生要进行创业，切不可朝三暮四、见异思迁，而一定要坚持不懈，把所有的事情都做好。创业者不应盲目去做看似更有前途但又不太熟悉的项目，否则就会将有限的精力和资金分散，放弃主业，亏空创业启动资金。这对创业者来说，绝对是一笔巨大的损失。打算创业的人在开始时就应该耐得住寂寞，守得住目标，安心做好自己的事情，否则就很有可能导致失败。

3. 争权夺利

在初创企业的合伙人中，意见相左的现象更为常见。所以，创业之初，应慎重挑选合伙人，而不是凑合，以免出现许多不必要的争执。当创业团队中的核心成员因意见分歧而无法达成共识时，往往会给公司带来很大的影响。创业的风险也蕴含在争吵之中：团队越大，争权夺利的风险也就更大。尤其是涉及股权关系、利益关系，许多创业时关系很好的合伙人也可能分道扬镳。大多数的争论不是因为事情，而是因为人。因此在创办企业的时候，就应该把人的问题解决掉，不要掩饰个人的顾虑，不要因为怕疏远朋友而拉他入伙，也不要因为某人有某种用得上的技能就一起创业。

4. 缺乏合作

俗话说："三个臭皮匠，赛过诸葛亮。"因此，创业不适合单打独斗，创业者需要和合作伙伴、客户、政府打交道，孤家寡人是难以成功的。创业的时候最好有良好的合作伙伴，即使创业者集多种技能于一身，也应该同合作伙伴一起集思广益，互相合作。

5. 追求眼前利益

每个企业家都有自己的创业梦，但是往往在诸多的诱惑下失去了耐心，看起来很急功近利。成功者，讲究的就是厚积薄发，持之以恒，唯有如此，才能增加成功的机会，也才能走得更远。

（三）创业后期的风险

如果一个创业者能把他的创业想法转化为现实，并且赚钱，那他的创业就算是成功了。有句话说得好，创业容易守业难，在创业成功之后，创业者和企业仍然面临着各种风险，具体包括以下几点。

1. 盲目冒进

受到利益驱动，在创业获得一定收益之后，盲目冒进，急功近利。这时常常会由于摊子铺得太大，而造成资金短缺，进而导致经营困难。

2. 心理失衡

创业者只有保持一个良好的心态，才有利于企业的持续发展。然而，当涉及利益格局和利益分配时，创业者常常很难保持一种良好的心态。他们常常表现出好高骛远、忘乎所以、胆大妄为等心态。

3. 盲目讲义气

受到儒家文化的影响，中国人注重讲义气。朋友间的友谊与讲义气有着紧密的联系，但真正的友谊和义气之间又有着本质的区别。创业者如果盲目讲义气，可能会使企业陷入危机。

4. 缺乏创新

一些创业者在创业成功后，就会失去在创业初期的进取心和创新精神，他们会变得骄傲自满，不求上进，也不去巩固已经取得的成绩，也不去开拓新的领域，或是采取一些消极、拙劣的手法来维持现状。这主要表现为故步自封、臆断前景等。

5. 管理危机

一个成功的公司，不但要将所有的问题都排除掉，而且要将所有的问题都集中在一起，并加以解决，这样才能保证公司的可持续发展。企业在取得了一定的成就后，面临的最大的运营问题就是管理危机，如决策执行不到位，管理失去控制；对老员工来说，他们缺少持续不断地进行革新的动机；公司营利情况难以取得突破等。

第二节　大学生创业风险根源与类型

一、大学生创业风险的根源

创业风险之所以存在，主要是因为以下几方面存在一些问题。

（一）资金方面

对于大学生来说，刚开始创业的时候，最大的风险就是钱。融资已成为大学生创业的第一要务。企业成立之后，还有一个很重要的问题就是，企业有没有足够的资金来运营，来保持企业的发展。对于一家新成立的公司来说，如果一开始就资金短缺，没有现金流，那么最后就会造成公司的倒闭，对公司造成巨大的打击。

（二）资源方面

"巧妇难为无米之炊。"没有创业资源，再有能力的创业者也无济于事。在很多时候，创业者并不能完全掌握企业所需要的所有资源，从而导致企业面临资源风险。如果创业者没有办法聚集创业资源，那么创业根本就无从谈起。

（三）信息和信任方面

创业企业存在两种不同类型的人，即管理者和技术专家。信息和信任的风险正是存在于这二者之间。管理者和技术专家具有不同的知识背景，他们对企业的预测和发展的思维方式也不一样。管理者更熟悉产品流通的市场和渠道，他们通常更擅长于对整个公司的管理；通常，管理者们所冒的风险，大多来自技术领域，由于缺乏技术领域的知识，管理者必须依靠技术领域的专业人士，所以管理者们可以说是在拿他人的钱去冒险；技术专家们所冒的危险很大程度上是因为他们在学术上受到了冲击，而且得不到任何经济上的回报。若管理者与技术人员之间缺乏充分的信任与沟通，则会产生较大的风险。

（四）团队建设方面

大学生在创业之初，基本实力都比较单薄，它们在创业的过程中主要依靠的还是团队力量。有一个好的团队，公司才能快速成长。但同时，也伴随着危险，越是强大的队伍，危险也就越大。如果团队成员之间存在着一些矛盾，那么很可能会对公司产生负面的影响，甚至会对企业造成剧烈的震荡。

（五）人才方面

企业的发展必须面对市场，而要在竞争中取胜，就必须要有业务骨干、业务精英。这些经营骨干力量，是公司成长的必要条件和基础。所以，如何留住公司的核心技术人员，就成了创业者们需要思考的问题。否则，业务骨干一旦流失，就会给企业带来风险。

(六)管理方面

创业者在开始创业时并不一定有很好的经营能力，他们可能因为技术原因而参与到了创业活动中，也可能是出于某种创新的想法，但他们在管理方面并不在行，从而导致了管理上的风险。

二、大学生创业风险的类型

大学生在创业的过程中面临着诸多的风险，这些风险从不同的角度可以划分为不同的类型。

(一)按照创业风险的内容划分

按照创业风险内容划分，创业风险可以分为以下几种类型。

1. 机会风险

创业者一旦选择创业，就意味着他将放弃其他的职业。这就是所谓的机会成本风险。每一个创业者在开始创业之前都要仔细思考这个问题。如果只是一腔热血，心血来潮，又没有太多的管理经验，应先做好自己的本职工作。在工作过程中，要仔细地观察和学习，为自己将来的创业积累经验和能力，等到时机成熟的时候，再着手创业。

2. 技术风险

技术风险是企业在进行产品创新时，由于技术原因而引起的产品创新失败。

(1)技术前景的不确定性。新技术在产生之前可能多少都存在这样或者那样的问题，能否弥补新技术存在的不足，这是创业者没有办法预料的。

(2)技术成功的不确定性。一项技术的突破与创新是一个相互关联、相互影响的过程，从研发到制造的过程中，只要有一个环节出了问题，就会导致整个技术创新的失败。

(3)技术寿命的不确定性。对于高科技的产品，由于科技进步迅速，其技术生命周期不会很长。对于以高科技产品为基础的创业者来说，如果在短期内不能将创业初期的成本收回，从而实现企业的产业化发展，那么就很有可能在之后的一段时间内受到打击。

(4)技术效果的不确定性。新技术产品究竟会产生怎样的效果最终谁也无法确定。例如，一些技术的投产使用会给当地造成严重的污染，这项产品就有可能受到限制而不能实施，结果就会给企业造成巨大的损失。

3. 市场风险

市场风险是市场主体在进行经济活动过程中可能出现的收益或损失和不确定因素。具体可以从以下几方面进行认识。

(1)市场需求量。市场需求决定了产品的制造方向。许多创业者在创业的时候，往往会通过一些历史数据来做出判断和猜测，而不知道真实的情况是什么样的，因此，他们的判断往往与真实的情况有很大的偏差。如果一项高科技产品的推出需要大量的资金，然而，这个产品的市场容量却非常小，或是在短期内无法被市场所接受，那么这个产品的市场价值就无法实现，投资也无法回收，最后就会导致这个项目的失败。

(2)市场价格。通常情况下，高技术产品的开发成本都会比较高，为了尽快收回成本，这种类型的产品会制定较高的价位。一旦价位高到让人难以接受的地步，它在市场上的销售就会发生障碍，最终可能因为市场规律而被迫退出市场，投资也就无法收回。例如，有一些金属材料是人工合成的，由于它高昂的手工费用，目前还很难在商业领域流通起来。此外，一旦某种产品被市场所欢迎，就有可能招致众多的投资商，使市场上出现大量的该种商品，导致市场上供过于求，最终使该种商品难以收回成本。

(3)市场接受时间。当新产品出现在市场时，通常会需要一定的时间去获得大家的关注。如果企业在产品投放到市场之前，就进行了大量的广告宣传，那么可能就会减少产品市场接受的时间；如果因为资金的原因，创业企业没有对产品做广告，则产品被市场所接受的时间就会相对较长，因此，在短时间内，产品的销售就会不佳，导致产品积压，影响企业的资金流转和运作。例如，20世纪50年代，贝尔在实验室发明出了电话，但是电话发明出来之后，并没有马上得到应用，直到20世纪70年代，电话才在商业领域得到应用。

(4)市场战略。市场战略是产品销售的重要手段。好的市场战略是产品成功销售的前提和条件。营销策略包含了产品的价格定位、用户选择、上市时机、市场区域划分等方面，如果对其进行了错误的定位，就会对产品的销售造成阻碍，进而对公司的运营与发展产生不利的影响。

4. 资金风险

资金风险是指资金未能按时到位所带来的风险。对于创业者来说，要想把生意做得长久，就得有充足的资金。但对大部分的创业者而言，他们所能获得的融资渠道实在是太少了。尤其是新成立的公司，往往会出现各种问题，原因就是资金不足。创业者若不能及时获得资金，极易导致创业初期就夭折。

在资金风险中，值得关注的一个重要因素就是通货膨胀。当出现通货膨胀时，银行都会提高利率，实行紧缩的货币政策，从而导致企业的贷款成本上升，企业的资金周转出现困难，甚至中断。同时，在通货膨胀过后，又会引起价格的上升，使得企业的各项费用大大增加，从而导致资本的入不敷出。

5. 管理风险

总的来说，管理风险主要受到三方面因素的影响，即管理者素质、组织风险与决策风险。其具体如下所述。

(1)管理者素质。一个好的创业者，可以缺少技术，但必须具备素质。具体而言，创业者必须具备的素质包括：第一，有很强的创造力和创业者精神，有自己的想法；第二，对成功充满信心、渴望，敢于承担风险，有较强的毅力；第三，洞察力强，善于把握机遇，对机遇有较强的洞察力，有较强的判断能力；第四，要有直面挫折、迎难而上的精神。如果管理者不具备上述素质，那么创业企业就可能存在管理风险，有可能使创业处于困境甚至导致创业夭折。

(2)组织风险。组织风险是指由于创业企业的组织结构不合理所带来的风险。创业企业的组织结构对创业企业的发展会产生至关重要的影响。一个企业的组织结构是否合理取决于企业的管理体制是否通畅。因此，创业企业从一开始就应该关注企业的组织设计，对企业的人力资源进行合理的分配，同时制定出合理的薪酬制度和培训制度等。

(3)决策风险。决策关乎企业的成败。在现实生活中，有许多因为决策失误而使企业失败的例子。对于创业者而言，在做决策时一定要慎重，千万不可凭着自己的喜怒哀乐或者是感觉做出决策。抱着侥幸心理的决策终会酿出惨痛的恶果。

6. 环境风险

环境风险是指由产品所处的外在条件的变化而造成失败的可能性。因此，创业者要想将环境风险降到最低，就必须对产品所处的环境认真分析。

（二）按照风险对创业投资影响程度划分

根据风险在创业投资中的作用，可以将其分成如下几类。一是安全性风险。安全性风险指的是从创业投资安全性的角度来看，企业的预期实际收益、专业投资者和创业者自己投资的其他财产都会受到损失的风险。二是收益性风险。收益性风险是指企业预期实际收益遭受损失的风险。三是流动性风险。流动性风险是指企业发展过程中，资金运营流通不畅带来的风险。

（三）按照创业过程划分

按照创业过程划分，创业风险可以分为以下几种。一是机会的识别与评估风险。机会的识别与评估风险是指受到多种因素的影响，如信息量获取不足、把握不准确或推理偏误等，在机会的识别与评估过程中面临着方向错误的风险。二是准备与撰写创业计划风险。准备与撰写创业计划风险是指创业计划的准备与撰写为企业发展带来的风险。创业投资者是否愿意为其投资在很大程度上取决于创业计划的撰写，所以，如何制定创业规划，直接关系到企业能否成功。在创业规划设计中，由于种种不确定因素的影响，再加上规划设计者本身的局限性，使得创业规划设计的实施具有一定的风险性。三是确定并获取资源风险。确定并获得资源风险指的是因为资源的极度匮乏，或者某些关键资源的成本太高，从而给创业活动带来了一定的风险。四是新创企业管理风险。创业企业经营风险主要是指创业企业经营模式、创业企业文化和创业战略等方面可能产生的风险。

第三节　大学生创业风险的识别、评估与控制

一、大学生创业风险的识别

规避风险的第一步就是要对风险进行识别。只有正确识别风险，人们才能采取有效的措施防范风险。

创业风险的识别指的是创业者根据创业活动的征兆，在各类风险事件发生前，利用多种方法对风险进行辨识和识别，它是一个系统地、连续地发现风险和

不确定性的过程。其中，企业风险的辨识主要有三种：第一种是明面上的风险，如国家政策的调整，市场需求的改变等；二是半显性风险，即由某个环节发生改变而引起的一系列后果，如连锁效应等；三是隐藏的风险，即由意外事件引起的潜在风险。它的首要任务是识别出经济主体在复杂的环境中所面对的主要风险。

（一）创业风险识别的步骤和方法

1. 创业风险识别的步骤

创业风险识别主要是通过收集信息，进行风险识别，然后对其进行评估，并拟定处理风险的方法和方案，如图7-1所示。

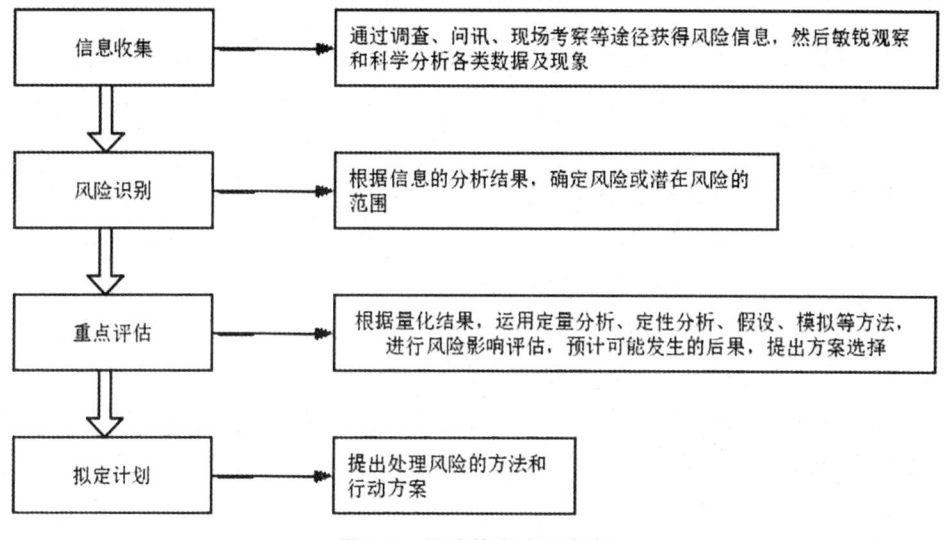

```
信息收集 → 通过调查、问讯、现场考察等途径获得风险信息，然后敏锐观察和科学分析各类数据及现象
   ↓
风险识别 → 根据信息的分析结果，确定风险或潜在风险的范围
   ↓
重点评估 → 根据量化结果，运用定量分析、定性分析、假设、模拟等方法，进行风险影响评估，预计可能发生的后果，提出方案选择
   ↓
拟定计划 → 提出处理风险的方法和行动方案
```

图7-1 风险的方法和方案

2. 创业风险识别的方法

创业风险识别的方法有很多，这里重点介绍几种常用的识别方法，具体如下。

（1）环境分析法。创业环境的构成极其复杂。创业环境分为宏观环境和微观环境。宏观环境主要有政治、经济、社会等方面的因素；微观环境主要有投资者、消费者、政府机构等。创业者应分析这两方面的环境因素，认清其中所蕴含的挑战与机会，找到企业的优势与劣势，识别出这些环境可能带来的风险与损失。

采用环境分析方法，重点分析了环境对企业发展的可能影响。例如，国家政策的改变会对企业的生产发展产生怎样的影响。此外，应对整体角度，分析外部环境与内部环境的相互作用及其影响程度。

(2)专家调查法。在风险辨识中,专家调查法是一种被广泛采用的辨识方法。专家通过发挥自身的优势和能力,对风险的可能性进行估计,最终得出评估结论。

(3)财务报表分析法。财务报表分析法,指的是从财务的角度,对企业的风险进行分析,包括对企业资产负债表、利润表以及财务状况等资料的分析。这类报表可以全面地反映出公司的财务运行情况。因此,通过对财务报表进行分析,有利于发现企业发展中的风险因素。

(二)创业风险识别在企业发展过程中的作用

企业风险辨识实际上就是找出那些偏离企业目标的因素。如果出现这种情况,就有可能导致一项新业务的失败。所以,对于新创企业而言,识别这些因素具有重要的意义。

1. 有利于减轻创业的资金压力

对于创业者来说,创业最大的难题就是资金不足。因为大学生刚从学校出来,他们的收入很少,所以他们不具备创业的资本。有了这样的认识,大学生创业者就会想方设法地从各种渠道筹措资金,降低公司由于资金不足而陷入停顿的可能。

2. 有利于创业者综合素质的提高

创业是在各种因素的综合作用下才成立的,由于这些因素是随着环境的变化而变化的,因此创业是否成功也面临着很大的不确定性。这就需要创业者统筹兼顾、运筹帷幄,综合考虑各方面的因素以及这些因素互相作用的结果,提高自己的综合素质。

3. 有利于创业管理向规范化方向发展

在创业阶段,创业者是企业的主要管理者,受其精力和能力的制约,他们对企业的管理肯定不可能面面俱到。这就要求企业要制定出一套科学的风险管理制度,让每一个人都能清楚地意识到自己的责任,从而让企业朝着规范化的管理方向发展。

二、大学生创业风险的评估

(一)创业风险评估的内容

创业风险评估主要包括以下几点内容。

1. 风险估计

风险评估是利用概率与统计学的方法来评估风险事件及其结果,并以此为基础提供一个较为准确的概率级别。风险估计既是对风险发生频率的估计,也是对风险后果损失严重程度的估计。

2. 直接效果与间接效果的评价

在估计某事件的财务效果时,直接效果往往非常明显,但是间接效果也可能非常重要。在某些情况下甚至可能支配直接结果。在大多数场合,直接效果是显而易见的,而且很容易在事故发生前进行估计,而预测间接效果则要费一番心思。在评价风险时,尽量要将直接效果与间接效果结合在一起进行估计。

3. 风险暴露的大小

估算风险大小的方法应依据具体的应用领域。损失频率和损失幅度是那些可投保的风险中最常用于估算损失的数据。损失频率主要是测量损失事件在单位时间内发生的平均次数,而损失幅度则主要测量的是每一次事件产生损失的影响范围。

(二)创业风险评估的注意事项

创业风险评估应注意以下几点内容。第一,一项风险的重要程度往往是由它可能遭受的损失大小决定的,而不是由它所遭受的次数决定的。一项重大损失,可以是多个小失误的累加,也可以是一个重大失误引起的。需要注意的是,事故的后果是否会妨碍企业完成它既定的任务。第二,在衡量潜在损失幅度时应考虑中间事故所引起的所有财务损失。第三,一次事故造成的影响包括人员的伤亡以及设施和设备的损坏程度。第四,事故的最终影响很可能大于事先估计的直接损失与间接损失的总和。第五,估算损失幅度既要考虑损失的数额,又要考虑损失的时间价值。

(三)创业风险评估的方法

创业者根据风险的不同,选择了不同的评估方法来评估创业风险结果。具体而言,对创业风险进行评估的方法有两种:一种是敏感性分析、影像图分析等定量的方法;另一种是专家调查法、层次分析法等定性的方法。

三、大学生创业风险的控制

创业风险无处不在,一旦出现,将会给公司带来巨大的损失,所以,为了减少公司的损失,必须对公司的风险因素进行有效的控制。具体来说,创业风险控制的措施主要有以下几种。

(一)避免风险

避免风险是指为了减少损失甚至消除损失,对所有可能发生的风险尽可能地规避。避免风险主要包括以下两种方式。

1. 先期回避

先期回避最为常见也最为彻底。例如,一家焦化企业想要在某小镇的郊区从事生产,但这一企业的生产会对当地的环境造成污染,影响居民的正常生活。这时企业必须支付高额的费用用来治理环境,并给当地的居民一定的经济补偿才能开办工厂,这样下来,企业支付的费用要远远高于生产的费用,结果该企业决定取消在某郊区生产的计划,回避了支付巨额费用的风险。

2. 中途放弃

中途放弃相对于先期回避而言,发生的情况比较少,但也存在这种情况。例如,某制药企业从报告中得知其所产生的某药品有新发现的严重毒副作用后,立即停止生产该药品。

规避风险既能从源头上消除风险,又能确保公司的"零损失",具有简便易行、全面透彻的特点,但是具有一定的局限性。该方法不是所有的风险都适用,只有那些可能给企业造成较大损失、发生频率较高的风险才适宜使用这种办法。

(二)转移风险

转移风险是指把有可能给单位和个人造成的风险,转嫁给另外的单位和个人去承担。转移风险有以下两种方式。

1. 保险转移

保险转移是指保险公司在支付保险费的同时,向保险人转移风险的行为。在此过程中,投保人可以将风险转移到保险人身上,保险人在接受这些条件时可以提出一定的条件。保险可以对损失进行有效的赔偿;分散风险;进行风险控制,起到监督作用。这种方法只适合于只有损失风险没有获利可能的情况。

2. 非保险转移

非保险转移主要是为了转移财产损失造成的后果,通过合同条款转移风险的方式。非保险转移的方式主要有以下两种。

(1)转移风险源。风险转移是将所有或部分的风险损失转移到另一方,如把带有风险的财产出售给他人;财产租赁可以使财产所有人将自己所面临的风险部分地转移给租借人。

(2)通过契约责任转移。企业管理人员可以在签订合同时就把风险转嫁给对方。但需要注意的是,风险存在很大的关联性,不同风险之间会形成一定的交叉,所以应在签订相关契约时明确提示合约伙伴应用保险这一转嫁工具。

非保险转移是一种重要的转移财务风险的方法,但其自身也存在局限性,不能完全依赖这类转移方式。

(三)损失控制

损失控制是指在风险发生后,能够采取措施对风险造成的后果进行控制,使损失最小化。损失控制主要从以下两方面着手。

1. 损失预防

损失防范就是在风险发生前,对风险进行防范,以降低或消除损失。在风险的预防中,应着重注意下列几点。第一,改变风险因素可能发生的环境。第二,消除或减轻风险因素。第三,抑制风险因素和环境的相互作用(表7-1)。

表7-1 针对风险因素的损失预防活动

风险因素	损失预防活动
洪水	水利工程建设
污染	制定相应的环境管理条例
放射性物质	做好阻隔措施
烟雾	制定政策、条令
酒后开车	检测、禁酒、罚款
结冰的人行道	清除冰面

由表7-1可以看出,只有针对具体的危险因素采取措施,才能有效地控制风险,防止损失的产生。

2. 损失减少

损失减少是指在风险已经产生后果的情况下采取的控制措施。它试图将后果的影响降到最低。"挽救"是损失减少中最为常用的一种方法。在大多数情况下,完全损失的情况是较少发生的,通常都可以采取一定的措施进行补救。例如,一处被大水淹没的库房，可能经过技术处理之后，一些货物仍然能够正常使用。

（四）自留风险

所谓自留风险，就是企业既不规避也不转移风险，而是要自己承担风险，并在损失发生之后，对其产生的直接经济后果进行补偿。在风险控制中，自我保留风险是最为常见的一种，也是最为经济的一种。这种方法在低风险和低损失的情况下，具有很强的实用价值。自我保留风险与规避风险、转移风险的最大区别在于，自我保留风险没有那么强烈的思想性和目的性，即对风险的控制可以是有意识的，也可以是没有计划的。当创业者没有意识到风险的存在，没有计划对自己留下的风险进行管理的时候，他们就会变得非常被动，很有可能会遭受到很大的损失。而如果是主动自留风险，可能就不会受到太大的影响。自留风险控制的措施通常有以下几种情况。

1. 风险是不可保的

地震、洪水等一些自然灾害的发生情况下，企业通常是被动地采取风险自留的措施。

2. 与保险公司共同承担损失

比如保险人对损失进行相应的赔偿，采用共同保险的方式作为一定的补偿，保险人会让渡一部分保险。

3. 主动选择自留风险

企业经过考虑之后，认为自留风险对控制某种风险更为有利。这种情况下，企业考虑的因素主要有以下几方面：第一，公司遭受的损失低于保险公司的预期；第二，企业自留风险管理费比保险公司的附加保险费用少；第三，企业自留的机会成本比投保的机会成本大。

第八章

大学生创业教育的未来展望

第一节　大学生创业教育的发展趋势
第二节　高等教育要厚植创新创业文化基础
第三节　中国大学生创业教育的未来

第一节 大学生创业教育的发展趋势

大学生创业主要依靠的主体是大学生自身和组织,并通过积极努力,运用所学到的知识、技术所形成的各种能力,以自筹资金、技术入股、寻求合作等方式,自主搭建工作平台,创造价值的过程。对大学生来说,这也是一个很好的选择。当前,大学生创业问题已引起了社会各界的广泛关注。为鼓励、扶持大学生自主创业,国家相继出台了一系列优惠政策;为了鼓励大学生自己创业,各地还设立了许多创业园区以及创业教育和训练中心。要提高大学生的自主创业能力,高校应根据大学生自主创业的实际需要,通过多种手段和方式,积极开展创业教育,全面培养大学生的创业意识和创业能力,并努力创造让他们在创业实践中得到锻炼的条件。

一、对创业教育理论进行更新

(一)创业型职业锚理论

在职业生涯规划领域中,美国著名职业指导专家施恩(E. H. SCHEIN)提出了著名的职业锚理论。经过不断完善,1992年,职业锚被麻省理工学院的学者具体拓展为8种锚位:技术/职能型、管理型、自主/独立型、安全/稳定型、创业型、服务型、挑战型、生活型。简单来说,创业型锚位就是创业者想要发挥自己的能力,创建属于自己的公司,或者创造完全属于自己的产品(或服务),并且愿意承担风险,并想办法消除所面临的障碍。对于一个有创业者精神的人来说,创建或者设计一件完全属于自己的作品或创建属于自己的公司才是最重要的,强烈的创作欲望会让他们对自己的要求变得与众不同,有所创造,并愿意承担风险。

(二)创业人才培养模式

美国的百森大学、哈佛大学和斯坦福大学在创业教育上都有很大的发展,他们的创业教育也有自己的特点,值得我们学习。

1. 百森商学院的"强化意识"模式

百森商学院以创业教育研究中心为主,以创新课程方案、拓展方案和学术研究为支持,提倡创业精神。以创业教育研究中心为例,它为本科生制定了一套包含必修与选修科目的创业课程。其中有很多课程都具有很强的特色,比如"新生管理体验"课程,新生班级会被分成许多小组,在教师的指导下,各组制订创业计划,学校会为每小组提供最多 3 000 美元的原始资本,用于创办和经营新公司,在学年结束时,公司会进行结算,超过原始资本的利润会作为大一年级学生开办慈善事业的基金。

2. 哈佛大学的"注重经验"模式

哈佛商学院已有一套较为完备的企业经营数据与案例数据库,并为研究人员提供了一个很好的学习氛围。例如,"开创新企业"这门课着重探讨设立新公司时所需的技能技巧以及新企业发展的知识。通过分组讨论,让同学们根据自己的想法,设计出一套完整的成立公司的运营方案,并将其付诸实践。"小企业的经营与成长"课程采取的是小组的案例教学方式,这些案例是以校友们的社会实践经历或者工作中的经历为基础撰写出来的。这些案例将着重讨论小企业在生产和运营管理中存在的一些问题,例如,如何对日常工作中的压力进行处理,如何制定能够影响竞争优势的关键策略等。这样,就可以帮助学生在苛刻的资源限制和不确定的环境下,去寻找创业机遇的能力,让他们能够更好地面对公司成长的挑战,更好地将创业成果进行回收。

3. 斯坦福大学的"系统思考"模式

斯坦福不仅注重实践教学,而且注重对经济、金融和市场运行等方面的长期研究。学院共开设 17 门创业管理课程,提供了许多有关创业财务筹资的课程。同时,他们对创业战略和创业环境的研究也十分重视,特别是对创业过程中各个阶段、各个层次的策略和运作问题,以及产学合作、产业网络等环境问题的关注。同时,它也十分重视应用导向和学科之间的优势互补,创业教育是从创业者而不是投资人的角度来规划创业案例,学生要学会对创业机会进行评估,并将个人能力、专业特长以及所面临的外部环境相结合,采取具体的创业行动。例如,在课程设计方面,采用了团队教学与两段式教学的方式,由商学院及工学院的学生组成团队,对其进行市场调研与分析,激发创意并进行产品设计,然后在实验室中对其进行开发、生产、制造。通过全过程的参与,能够使学生能够更好地思考和解决创业问题,能够更好地认识到从一个"点子"到一项完整事业的转变,进而全面提升学生的创业能力。

二、大学生创业教育的发展前景

(一)鼓励和引导大学生积极转变观念,营造创业氛围

部分大学生的思想观念与创业所面临的问题相去甚远,因此,高校应进行全面的教育,鼓励并引导大学生主动转变观念,营造浓厚的创业氛围。

在大学,要创造良好的创业环境,一要通过新闻媒体和校园文化等方式,加强对大学生创业活动的宣传;二要在校风、教风、学风上突出创新,形成"学习为创造、创造中学习"的良好循环,在不知不觉中加强学生的创业意识;三要在学校的体制建设方面,更多地鼓励学生和教师进行创新、创业;四要以创业故事为主题,向广大青年学生展示自己的创业方式和奋斗历程,成为大学生的榜样。

(二)积极推动教育教学改革,建立创业能力培养服务体系

对大学生的创业意识和能力进行培养,是高校的一项重要教育任务,应该在学校的教学工作中进行全面的渗透,并构建一个相对完善的大学生创业能力培养服务系统,让有志于创业的大学生踏上自己的创业之路。

创业能力培养服务体系应以"激发—实践—创业"为主线,全面满足大学生的创业需求。其中,创业能力培养服务体系应包括创业基本理论的研究、创业实践的训练、创业教育的指导、创业孵化系统的构建等方面的内容。这个体系可以为大学生提供一个从创业基础理论、普及性科技活动、学术性科技创新项目开发研究、创业计划大赛、创业实践训练到自主创业的完整学习过程,可以有效地提高大学生的创业能力,具体如图8-1所示。

1. 创业基础理论平台

创业基础理论平台主要包括创业计划教育、创业专业教育、现代形势教育、创新创业教育和培训、创业基础素质的培养。目的是帮助学生确立自己的职业发展目标,使他们对自己所学的专业和行业有一个基本的了解,进而激发他们的创新创业意识。

2. 创业实践训练模块

创业实训旨在拓宽企业创业能力培养的渠道,为企业提供各种实训情境,培养企业创业能力。除了基础理论的学习,我们还将开展多种形式的培训,开展创新项目的实践和比赛。其主要表现形式如下。

(1)创业计划大赛。通过组织校内创业项目比赛、参与"挑战杯"国家大学生创业项目比赛,推动了大学生创业实习的快速开展,同时提高学生的创新能力和创业意识。

(2)模拟创业活动。从寻找商机到制订创业计划,再到组建创业团队、进行创业融资,以及创业管理,对创业的整个过程展开仿真,以此来增强学生对创业过程的感性认知,最终实现在实际工作中学习和提高的目标。

(3)创业者系列讲座。邀请创业校友和学校老师为同学们一起分享他们的创业经历,并进行他们之间的知识交换,让同学们更好地认识到他们创业的真实过程以及他们所经历的困难。

(4)大学生创业项目支持计划。制订大学生创业支持计划,为大学生创业提供资金和场地,鼓励大学生以公开招标的形式创办书印社、商店等。有条件的学校还可以与大学生创业园区进行合作,积极利用政府的政策,为学生创业项目提供专家指导,鼓励学生开展创业培训,培养学生的创业和管理能力。

3. 创业孵化系统

大学生创业孵化基地是一种新型的社会经济组织,它可以为大学生提供研究经营场地、通信网络与办公设施、系统培训和咨询服务以及政策、融资、法律和市场等方面的支持,从而降低大学生创业的风险和成本。这对培养大学生的创业素质具有重要意义。

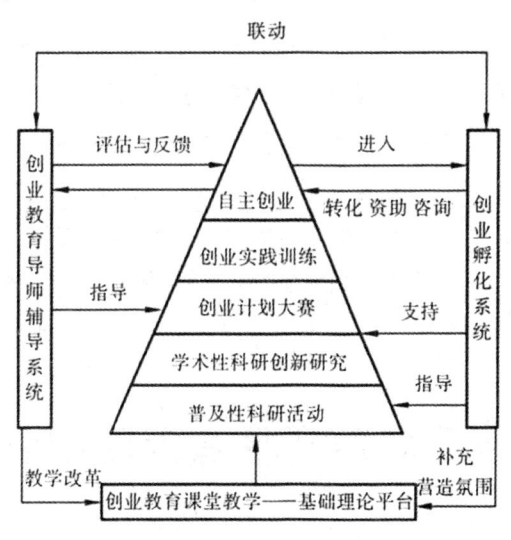

图8-1 "实践型"创业能力培养服务体系

(三)建设大学生创业孵化基地的策略

1. 为大学生创业孵化基地创造良好的政策环境

一是在税收上给予一定的优惠;二是在被认定为高新技术企业的基础上,在孵化专项资金和科技三大资金的支持下,孵化基地还可以为其提供全方位的服务,以及对其租金的减免;三是政府要积极引导各种金融机构改善信贷服务,扩大信贷产品种类,合理设置信贷期限,增加信贷投入;四是各类担保公司和风险投资公司对孵化企业的信用担保,给予重点扶持。

2. 建立合理、高效的运行机制

以公益为出发点,按照工作需要,设立项目部、指导部、服务部、人力资源部、综合部、信息部等多个职能部门。创建一个标准化的、综合性的大学生创业孵化基地,包括工商注册登记、企业年检、税务代理、财务会计代理、经济技术合同咨询、专利申请、商标注册、无形资产评估、商务谈判等咨询服务。

3. 建设科学的管理机制

(1)资本管理机制。帮助创业项目解决资金运转问题,使创业项目得以继续,为大学生创业创造良好的物质环境。

(2)项目管理机制。通过项目管理机制,加快科技成果的转化过程,对创业项目实施全面的价值评估,全面提高创业项目质量。

(3)文化管理机制。营造合作、内部融合的文化。鼓动竞争对手变成同盟者,甚至合作者,以便在尽可能短的时间内取得最佳成果。这不仅有利于整合资源,还能为大学生提供有效帮助,提高孵化基地的智能化服务水平。

因此,要想实现大学生创业,必须从政府、学校、家庭、个人四个层面入手。要不断更新创业教育观念,加强对大学生的针对性辅导与培训,以提高大学生的创业成功率;要为大学生提供更多的创业实习机会,注重开展多样化的创业实习活动,从而提高大学生的综合素质,促进大学生的就业和职业发展。

第二节 高等教育要厚植创新创业文化基础

在我国,加强大学生创新创业教育,是全面深化高等教育改革、提升人才素质的一项重大举措。在过去的20多年里,大学的创新创业活动越来越丰富,政府、企业、社会团体等参与大学创新创业的形式也越来越多。但是，在创新创业繁荣的同时，高校也存在着创新创业文化基础薄弱的问题，尤其是目前，高校更多关注的是大学生的"创新创业实践"和"创新创业成功率"，而对"高校创新创业所需的环境"等关于创新创业的价值判断问题关注不够。从本质上来说，大学创新创业的发展就是一个集体创业的过程。大学创新创业文化的构建，要解决好精神动力、价值导向、持续发展、事业目标、学生培养等核心问题，最后就可以实现大学的自主发展。所以，在全面推动高校创新创业发展的过程中，如何以高校传统的学术文化为基础，挖掘和创造出具有时代特点的高校创新创业文化，已经成为目前高校创新创业发展中的一个重要问题。

在众创时代，高校创新创业文化既是国家经济社会发展到一定阶段后在文化层面的自觉与选择，也是高校转型中多种文化要素碰撞与融合的必然结果。从文化视角入手，高校创新创业文化可以从理念层面、意识层面和精神层面三个视角探讨。其中，高校的创新创业理念是高校创新创业文化建设的价值基础，这一价值基础体现在高校的办学理念、人才培养目标等方面；学生的创新创业意识主要有教师与学生之间的协作，教师与学生之间的技术交流，学校与企业之间的协作；高校创新创业是高校的灵魂，高校创新创业是高校文化建设的重要内容。高校创新创业理念、高校创新创业意识、高校创新创业精神三者之间相互依存、相互支撑，共同构成了丰富、深刻的高校创新创业文化品格。在这三种文化中，创新创业精神是对高校创新创业文化的转型具有根本影响的手段，创新创业思想和创新创业观念是创新创业精神通过思维活动形成的产物。

一、高校创新创业文化建设的价值基础

大学创新创业理念是一种有关创新创业价值关系的基本观点，它源于高校在教育教学实践过程中，对创新创业的理性认知和诉求。它不仅是对大学生创新创业的一种有效的考核，而且是对大学生创新创业的一种指导。

（一）高校创新创业理念的内涵价值

大学创新创业是一种新型的教育理念。高校的创新创业思想有其独特的内涵，吸纳了企业文化中的开拓进取精神，不仅要以知识本身的学科逻辑为基础进行学术建设，还应着眼于满足社会的各种利益需求，把改革与创新作为自己的使命，使高校可以在知识与技术的协同与联合创新中发挥主导作用，从而推动社

发展。高校创新创业思想是新时代高校的一项重要思想导向，它在不断地丰富和扩大高校知识创新和运用的范围。这就要求大学既要传承已有的科技成果，又要进行自主创新，通过科技成果的转化与应用，引领区域与行业的发展。也就要求我们要将知识转变成学术资本，并将其应用于社会、经济的发展。从功能论的视角分析，大学之所以能在当前社会发挥如此巨大的作用，与知识社会中大学作为创新的源头，能够有效推动科技进步，实现经济高质量快速发展密切相关。正如美国著名教授亨利·埃茨科威兹（Henry Etzkowitz）所说："大学不再是中世纪那样的大学——孤立的学者共同体。……（新时代的大学）对于未来的创新、工作机会的创造、经济增长和可持续发展都至关重要。"[①]一方面，大学可以从经济产业中获得更多的经费支持，不断改善办学条件，提升办学水平；另一方面，经济产业需要大学为其提供更多的创新知识与技术支持，以满足产业结构转型升级的需要。总之，高校创新创业活动的产生既是大学科学研究职能拓展与延伸的必然结果，也是大学通过科技成果市场化重塑学术资源脉络的有效手段。

大学的创新创业思想的核心价值观，就是要通过教师和学生之间的交流和实践，把理论和实际的知识同大学的精神相结合，并在学校和学院中复制和传播，给它注入新的内涵，最终使创新创业思想变成每个大学生都要牢记和努力追求的价值观念。高校创新创业观念的形成，一方面深受社会、文化背景的影响，另一方面则是高校对创新创业的认识和独特的定位，这是高校外部环境与高校自身认知相互博弈的结果。由于不同高校在实际工作中注重的侧重点不同，因此也就产生了不同的创新创业发展模式。尽管不同的高校创新创业理念之间存在着一定的差异，但是，当大学的科学研究逻辑与市场需求逻辑变得更加密切，并且变得更加一致时，大学的创新创业理念已经逐渐成为其他事项达到预先选择目的的手段。

（二）高校创新创业理念的实现

高校创新创业理念强调大学要发挥自身优势，不断扩大办学资源，深化产学研合作，积极探索发展道路，搭建一个推动创新创业发展的良好平台。在此背景下，高校创新创业理念的进一步落实，还需从三个层面加以完善。

---

① [美]亨利·埃茨科威兹，埃茨科威兹.国家创新模式：大学、产业、政府"三螺旋"创新战略[M]. 周春彦，译.东方出版社，2014.

首先，注重高校知识产出的实用价值。创新创业不同于大学专业建设更注重"知识"的学科逻辑，将科技成果推向实际应用，并以此为核心实现了"知识的实用价值"。自20世纪70年代以来，我国高等教育机构主体——大学，逐步向多元化发展。一方面，高校越来越接近于社会的中心，成为承担社会职能的"枢纽"；同时，各类高校之间的发展层次和差距也在不断扩大。在知识经济价值日益突出的背景下，作为知识和技术创新主体的高校，亟须对社会所关注的重大问题做出反应，将知识和技术进行资本化，推动科研成果向实际应用转化。学术资本主义是知识经济时代对大学的一种新的要求，它可以被看作在新的经济背景下，学术职业化展现出的一种新气象，也可以被看作大学为了适应社会发展而做出的一种必然选择。然而，知识的传承与应用，人才培养与学术资本化，将不可避免地引发大学价值上的冲突，这种冲突从根本上看正是大学传统使命与新增使命碰撞的结果。在学术资本主义背景下，大学如何定位并调适自身的发展，是"求真"还是"求利"，是"教学"还是"科研"，是"原创"还是"转化"，值得每一位教育者深思。实际上，任何事物都是矛盾的统一体，大学知识的商业化并不意味着世界高等教育发展格局中基础研究的式微，基础研究与应用研究协同发展，反而成为全球知名高水平大学提升综合学术实力的"利器"，最终实现基础研究与应用研究从"分立"走向"统一"。

其次，要注重高校科技成果的市场价值。从经济发展结构和发展趋势来看，以知识创新和技术创新为主导的创新创业活动，将会是我国未来创业的主攻方向，也就是说，在高校创新创业活动中，知识的生产和产出将会是这一过程中不可缺少的重要组成部分。如果现有的科研成果不能通过市场机制进行流动，科技研究与工商业的关系最终会被割裂，大学的创新创业也就无从谈起。事实上，对高校知识成果市场价值的关注，使其从以学术为核心的"知识就是学科"的价值理性向以资本为核心的"知识就是应用"的工具理性转变。科技是一种重要的生产力，其所蕴含的知识生产也在不断地被自觉地挖掘和扩大，从而引起了知识生产模式的悄然变化。在传统社会，人们对知识的认识主要是基于好奇心的满足，基于兴趣的探索，以及对自然和社会发展的普遍规律的探索。然而，在知识社会和当代社会，知识生产的逻辑起点不再仅仅由学者所掌控，而是更多地由市场规律和社会需要来调节，学者的知识生产趋向于符合社会的经济价值。随着知识生产模式的变化，其传播模式也随之发生变化，知识生产在经过"资本"和"市场"的洗礼之后，其属性将从"公共物品"变成"准公共物品"，甚至是"私有物品"。总的来说，在高校知识市场化的进程中，高校更加注重知识产出的市场价值，并努力把新的知识和技术转换为符合社会需求的新产品和新业务模式。

最后，营造具有商业气息的校园氛围。从传统大学理念来看，大学是超脱现实社会、远离生活之外的"象牙塔"，它天然地抵制并排斥商业气息的侵袭。据此，将商业气息带入大学将偏离大学的目标，分散大学的工作重心，违背大学的发展初衷，进而削弱大学得以存在的合法性基础。美国经济学家索尔斯坦·凡勃伦指出："大学被当作一个在博学的统帅管理之下的处理具有商品性知识的商业机构，统帅的职责在于想方设法促成最大可能的产出量。"[①]然而，那些真正了解大学本质，并对其有着深刻认识的人，很少会去纠结于学术与企业间的矛盾，他们支持企业的发展，是为了使科研成果能够真正地为社会服务，并最终能够被合理地加以利用。在一定意义上，由于科研的商品化，使得高校科研工作的效率更高，如美国的斯坦福、硅谷的崛起，德国的慕尼黑技术大学、巴伐利亚高新技术工业区的兴盛，都是学、商结合的产物。总之，对财富与利润的追逐并非取代大学对学术的追求，相反，科学与经济两大领域的交互能够给大学带来更多新的机遇，进一步促进大学的学术繁荣。

二、高校创新创业文化建设的必要条件

高校创新创业意识是指隐藏在高校创新创业过程中的一系列价值认同、态度取向、利益观念，以及由此而形成的对高校创新创业制度和行为的认识。在高校创新创业文化的深层次结构中，创新创业意识作为文化中介，起着承上启下的作用，一方面渗透着创新创业理念与创新创业精神的内涵，另一方面又引导着创新创业活动的发展。

（一）高校创新创业意识的核心表征

通过对国内外高校创新创业实践以及商业化活动的分析可以发现，大学将创新、创业和商业化作为一种应所肩负的任务与使命，并始终以各种形式参与地区经济的发展，集中体现了高校所蕴含的创新创业意识。

第一，鼓励大学生进行创业。为所有学生开设与创新创业密切相关的课程及实习项目，能够有效促进大学生创新创业活动的开展。在国外，很多高校的商学

---

① [美]索尔斯坦·凡勃伦. 学与商的博弈[M]. 上海：上海人民出版社，2009.

院都打破了传统的学科体系,鼓励不同专业的大学生,通过跨学科课程和项目的形式,进行创业研究,这是一次卓有成效的尝试。以新西兰奥克兰大学为例,开设了一门名为"创新创业"的专业,这门专业为本科生提供了一个更广阔的研究空间。这不仅提升了大学生的创业知识与创业技能,还培养了他们的创新创业意识与创新创业精神。

第二,激励教师开展创新创业活动。为鼓励高校教师积极参加创新创业,高校在新教师培训过程中加入了创新创业专题讲座,并积极促进跨学科创新成果转化。另外,大学还将各学院对创新创业有共同兴趣的老师联合起来,专门为他们聘请专家或团队,进行成立公司、取得技术认证和企业合作等方面的指导与培训。上述活动有助于企业了解大学内的研发活动,也为教师创新创业提供了更多资助的机会。

第三,积极支持大学科技成果转化。高校要将创新和创造转变为市场化的商品和服务,必须具备相应的条件和资源。在此过程中,大学必须加强技术转移功能,以满足不断增长的技术服务需求;同时,降低技术转移成本,以获取更大的市场竞争力。大学技术转让中心是高校开展商业化交流的重要平台,其主要功能是为师生、校友、创业者、企业等服务。高校在进行技术转让的时候,要采取各种措施对学生、教师、学生科研成果的知识产权进行保护,并利用创业基金、债券贷款等方式,提高融资的成功率,加快技术、科研成果的市场化进程。

第四,强化学校与企业之间的合作。大学和企业之间的合作,使技术在国际市场上得到了繁荣。对企业而言,大学具有丰富的知识、人才和设备资源,能够帮助企业在较早的时间内发现具有商业价值的研发项目,从而更好地推动企业的发展。对高校而言,企业拥有的资本以及强大的市场感知能力,不仅能够弥补高校在科研方面的资金成本,还能够为高校教师和学生提供高质量的教学实习资源。大学与企业进行这样的合作,可以从资源互补的角度,发挥出更大的社会效益。

第五,推动区域经济、社会全面发展。在知识经济时代,高校必须和区域的发展紧密相连,才能实现自身发展的目标,才能推动社会的可持续发展。学校是一所有理想、有追求的大学,在可持续发展价值的指引下,通过协同创新,促进科技与社会的和谐发展。高校与政府、企业和社会组织的合作,能充分利用高校在知识、技术和信息方面的专业知识和优势,推动区域和社会的全面发展。

(二)高校创新创业意识的培育

当前,大学生自主创业已成为必然趋势,大学生要在价值认同、态度导向和利益观念上做好充分的准备,不断增强大学生的自主创业意识。

首先,要对申请的研究进行扩展。在高校的发展史上,科学研究是为了满足人们的好奇心和为教学的发展服务,因此,学术创新一直是人们关注的焦点,而创新创业却在一定程度上被忽略了。究其根本在于以教学与研究为主导的逻辑范式下,大学更多的是满足自身发展的需要。由于长久以来的"孤岛"现象,使得学术群体的科技成果无法为社会所接受与使用,仅能在学术范围内进行共享。这一现象的直接影响是:一方面,它割断了学术研究和社会实践之间的联系;另一方面,也为经济发展带来了阻碍。然而,随着知识经济时代的到来,以创新驱动为特征的发展趋势,大学的科研成果既要满足自身的需要,又要满足社会的需要。这也就意味着,大学掌握的知识资源,已经从"象牙塔"变成了"市场",大学需要思考的问题,不再是搞基础研究,而是把基础研究成果变成实际应用。随着市场逻辑在经济发展中的作用逐步凸显,唯有持续开展应用研究,注重学科交叉和应用性的知识产出,将重点放在学科和行业的融合应用上,才能更好地激发大学生的创新创业精神。从传统的创新创业模式来看,创新创业遵循的是"基础研究—应用研究—产品开发—生产经营"的发展路线,与基础研究相比,应用研究与创新创业之间的联系更加紧密,它们的价值导向也更加一致,因此,开展以应用为导向的研究,有利于提高高校的创新创业意识。

其次,促进科技成果的有效转化。为了实现以创新为基础的创业,科研人员需要以自己所从事的原创性研究为基础。但是,学术研究的逻辑和市场需要的逻辑是不一致的。学术研究是一条线性递进的发展规律,而市场需求是一条自利与互惠相结合的非线性发展规律。只有将这两种逻辑的矛盾协调起来,大学才能更快地突破壁垒,实现新的发展。而在这个过程中,高校与市场进行对话,平衡各方利益,最终形成了一种有效的交流方式。由于学术成果是一种知识密集型成果,学术成果转化也被称为知识成果转化。就高校而言,高校科技成果转化的方式有两种,一是知识产权,二是知识转移。知识产权包括专利、商标、版权、为商业市场提供顾问服务等。知识转移主要有两类:一类是对外授权,包括许可转让和对外销售;另一类是内部商业化,即创建大学衍生企业。高校进行科技成果转化为新经济做出贡献,其本质就是一种创新创业观念的形成。只有当高校的创新创业意识被唤醒时，高校才能更好地承担起知识运用的任务，并将其体现在学术成果转化和社会服务的每一个环节中。

最后，要增强市场导向下的生存意识。如果说传统的大学是以学术存在为特征的，那么当学术与资本之间形成一种新的联系时，则是以市场为导向的存在方式的新时代。在市场化的时代，高校的教师和科研人员的行为通常具有市场的特点，此时，高校和教师和科研人员为获取资金会进行竞争，包括外部企业组织、产学研合作、衍生企业和捐赠基金等。就大学而言，市场化生存是一项营利性活动，但大学开展的上述行为是否能够真正为大学带来效益，则取决于大学在激烈的市场中竞争能否获得更多的外部资金。毫无疑问，一旦被高等教育领域选择并接受，就不会停止，而是会不断地演绎，最终形成一种意识，并逐步在高校系统中生根发芽。高校市场化生存意识的萌发，就像一种文化的诞生，对高校进行滋养和激励，并对高校的发展提出了要求。历史发展的实践表明，无论是在发达国家还是发展中国家，随着市场化生存法则的逐步形成，高校创新创业的自主性和积极性都会得到明显提高。

三、高校创新创业文化建设的内在灵魂

随着我国经济社会进入到以创新为动力的新时期，大学生对创业人才的需求也就越来越迫切。创新创业精神不仅作为内驱力激励高校不断向创新创业发展，而且对高校文化的发展过程产生着深远影响。在这一转变过程中，创新创业精神都会作为一种催化剂，引导国家的政策，调动高校每一份子的自觉行为。在这一转变中，既要有国家的政策导向，又要有大学内部的自我意识，这些都离不开创新创业的推动。

（一）高校创新创业精神的内涵意蕴

"创新创业精神"又称"企业家精神"，通常与创新创业活动联系在一起，主要体现为一种勇于突破现状、实现超越的精神，具体表现为不断追求新知，敢于突破已有思维定式，探索新的规律和新的方法等。约瑟夫·熊彼特（JOSEPH ALOIS SCHUMPETER）曾这样描写创新创业精神：[①]"首先，有一种建立一个私人王国的梦想和愿望……其次，有征服的意志，为成功本身而不是成功的结果

---

① 白长虹. 企业家精神的演进[J]. 南开管理评论，2019，22(5)：2.

而追求的冲动……最后，有创造、完成工作或施展个人能力和才能的乐趣。"创新创业作为一种思维模式，不仅适用于个人，也同样适用于组织。在谈及企业组织或者企业家时，人们普遍以"企业家精神"指代"创新创业精神"；而在涉及非营利性组织或创业者时，则多用"创新创业精神"一词。

高校创新创业精神是一种随着高校创新创业的发展在学校领域内不断扩张而衍生出的一种奋发向上、寻求突破的精神，它担负着创造新事物、引领新思想的重任，可以被认为是一种从理念到信念、再到文化的运动。一位杰出的高校校长的创新创业精神和企业家的创新创业精神有着很大的相似性，这就能很好地说明他们之间的共同之处。在"大众创业、万众创新"的时代背景下，大学创新创业已经从"边缘"走向"核心"，这将深刻地影响着大学毕业生的成长。此处之所以用"创新创业精神"（innovation and entrepreneurship）而不是"创新精神"（innovation）来表征这一大学精神的特点，主要是因为"创新"几乎已成为当代所有大学活动的主要特征之一，"创新"的概念已经无法涵盖现代大学变革的时代内涵。从创新创业精神的角度来看，"创新"只是其中的一个关键要素，而并非其全部内涵。归根结底，要树立高校创新创业精神，就要创设开放、民主、自由、宽容的校园氛围，营造一种积极向上、轻松活泼的氛围，因为创新创业的过程就是一个不断尝试、反复试错的过程，对可能出现的错误和失败不能容忍，就会阻碍通往真理的道路。

（二）高校创新创业精神的塑造

要想对大学生进行创新创业精神的培养，就必须充分运用大学生的创新创业精神，培养大学生的情感，滋养大学生的心灵，并将其体现在一言一行上。通过对国内外高校创新创业精神的内涵进行分析比较，我们可以发现，其精神塑造并不是一朝一夕的事情，而是在多种因素的共同作用下形成的价值共识和思想认同，具体内容如下。

首先，鼓励大学生具有一定的冒险精神。多数人认为，以创新为基础的企业比普通企业更具风险。但事实并非如此，在某一领域，当它完全适合且有利润时，就必然有它的市场。所以，我们可以说，在这个行业中，采取最优的资源分配策略，才是最优的投资策略。国内外众多高科技企业的成功案例表明，其成功率较高，这表明基于创新的创业并不必然伴随着高风险。敢于冒险的人，往往都有一套自己的想法，总能抓住一些常人难以抓住的机遇。例如美国麻省理工学院，从成立之初，便以一种勇于探索、勇于挑战的态度，将基础研究与教学、创新与企业家精神融为一体，由一所"人才学院"成长为一所享誉全球的理工类大学。但是，由于受到传统文化和人们固有的认知思维习惯的影响，我们的文化中滋生出了一种求稳的心态，在人们的潜意识中养成了一种"等、靠、要"的心态，这对积极上进的大学生来说，是一种消极的影响。我国高校的创业教育的发展，迫切需要将敢于冒险、敢于挑战的精神内化为与组织自身发展相一致的内在规律，并将其作为核心，构建出一种能够促进高校创新创业良好活动的文化基础和氛围。

其次，培养大学生宽容失败的气度。大学创新创业是一种高度创造性的行为，它既要求学生勇于承担风险，又要求学生接受失败。在大学教育中，只有很少一部分人能进行创新，所以，在大学教育中要有一种对失败可以容忍的价值观。美国硅谷文化与斯坦福大学的兴起较好地诠释了这一点，硅谷鼓励和提倡个人奋斗，他们敢冒风险，敢于制胜，在硅谷经常听到一句话"失败又何妨"（It's OK to fail）。硅谷对创新与创业失败的宽容，使得每一个在硅谷的人都愿意尝试去创业。这种文化也渗透进了当地的大学文化中，使学生们成为聪明的冒险者，知道如何抓住机遇、创造财富。被誉为"硅谷精神之父"的凯文·凯利曾指出："当前中国最重要的工作是要培养一种文化基因，即对失败的容忍和包容……只有补上这一课，中国才能真正进入自我创新的阶段。"因此，在大力倡导高校鼓励冒险精神的同时，必须要把容忍失败的精神置于更加重要的地位，将容忍失败的精神融入大学的工作，以平衡大学精神的健康发展。

再次，要树立大学生对权势的质疑精神。创新创业离不开质疑，因为有了质疑，才会有批评，才会有新发现与新思想，最终实现创新。质疑并不是一种对事物的不信任感，而是一种对事物再一次进行批判思考的过程，从而获得新的认知成果。在学术上，所谓质疑，就是对传统理论、观念、认知的一种超越，也就是对现有认识逐一解构，在解构中建立起新的关联，进而形成新的观念认知或理论体系。这种质疑和批判精神在斯坦福大学的校园里蔓延开来，在一批又一批的学子心里扎下了根，结出了丰硕的成果，慢慢地形成了一种看不见摸不着的校园文化，成为高校创业教育的精神基石。相反，在我们的校园里，质疑精神和品格的缺失，没有能够将学生们在学习和创业方面的积极性完全激发出来。所以，在创业教育中，高校一定要注重对质疑的权威和批判精神的唤醒，并将其凝聚为一种精神气质，并与创新创业的言行相结合。

最后，要发扬大学生自己动手的精神。大学生创新创业既是思维活动，又是实践活动。光靠头脑，只会有创意的想法，而要把这些想法转化为现实，就必须身体力行。从创客运动到创客空间，以创造、共享、实践为理念的活动走进教育领域，为整个教育发展注入了新的活力。麻省理工学院"既学会动脑，又学会动手"(Mens et Manus)的座右铭就蕴含着教师和学生将创造性思考与亲自动手结合起来，将创意与想法转化为现实创业机会或产业的深刻内涵。[①] 自己动手的精神犹如人的基因遗传一样，经过一代代人的优化与传承被刻上了印记，成为麻省理工学院创新创业的灵魂。由此可见，促进受教育者由单纯的"知"转化为"知与行"的统一，才能激发人的创造潜能。在我们国家，传统的教育过于注重知识的灌输和领悟，在某种程度上忽略了创新能力的培养。因此，在大学里要进行创新创业，就要创造一种自己动手的环境，将亲自动手的精神融入高校专业教育当中，扎根于教师和学生的心中，不断丰富高校创新创业精神的内涵。

第三节　中国大学生创业教育的未来

面向生机勃勃的未来世界，中国大学生创业教育应该是什么样子？如何开展？这是本节要回答的问题。

一、从"功利性"的创业教育到"全面性"的创业教育

尽管近几年来，越来越多的大学和学者开始倡导、研究和推动创业教育，但是，对于创业教育的必要性、重要性和紧迫性，大学的教育行政、教师和学生还没有形成理性的认知。有些学者认为，创业教育就是一种培养创业素质的教育，还有一些学者认为，创业教育就是培养创业型人才，还有一些学者认为，创业教育就是对大学生实施创业的全方位指导，具体包括了理财、营销、经营等内容。这一认识主要集中在创业技术与技能上，有急功近利之趋势。尽管创业教育的确包括了上述几方面，但这几方面还不足以概括整个创业教育的内涵。随着人们对创业教育的认识和研究的深入，许多大学和学者也意识到了这种认识的不足，并进行了修正。然而，仍有相当一部分人持上述看法，也有一部分人虽然从思想上

---

① ［美］戴维·凯泽. 麻省理工学院的成长历程：决策时刻[M]. 北京：清华大学出版社，2015.

意识到了这种看法的局限性，但在实际操作中却不知不觉地走入了"歧途"，这种现象在高等院校尤其明显，正如原河南科技大学管理学院院长席升阳教授所说的那样，大学开展创业教育活动的动机和目的，大多是为了"感性的功利"。

创业教育是素质教育的具体体现，其目标与意义更是不可估量。随着对创业教育研究的不断深入，以及各个大学生创业教育实践活动的相继展开，我国学者纷纷开始从不同角度对创业教育进行全面诠释。席升阳教授在其著作《我国大学创业教育的观念、理念与实践》中从"创业"的语义出发研讨创业教育，并限定在高等教育的"语境"中展开，最终将创业教育定义如下：创业教育是使受教育者能够在社会经济、文化、政治领域内进行行为创新，开辟或拓展新的发展空间，并为他人和社会提供机遇的探索性行为的教育活动。他认为创业教育的内核是关注人的本质力量的培育和主体性的塑造，并将人的自由与全面发展作为其核心的价值观。围绕这一内核和核心价值观，他提出创业教育的内容必须具有全面性、系统性的特点，并建议将创业教育的内容分为创业精神学、创业知识论、创业实践论三大部分。[①]

二、"大众化"创业教育与"差异化"创业教育相结合

"大众化"创业教育是"全面性"创业教育理念的题中应有之义。

首先，从宏观层面来讲，我国已经开始关注全民族的创新意识，而创业正是创新意识的一个重要表现形式。随着高等院校的不断发展，学生人数日益增多，如果能够有效地利用这一最具潜能的学生群体的创新和创业，既能提升高等院校的整体质量，又能提升整个民族的创新能力。

其次，从现实角度看，如前所述，当前大学生就业问题突出，大学生想从社会的"增压器"变为"减压阀"就需要接受创业教育，需要通过创业教育提升自我的就业力和竞争力。

最后，从大学生自身的角度看，根据一项对全国六省市、近万名大学生的调查，近八成大学生有创业的意愿。厦门大学管理学院教师木志荣对厦门大学的大学生创业者进行的抽样调查，更是显示94.5%的创业者认为创业教育有必要或非常有必要。[②] 因此，无论是国家、社会、高校还是大学生，都迫切希望创业教

[①] 席升阳. 我国大学创业教育的观念、理念与实践[M]. 北京：科学出版社，2008.
[②] admin. 大学生创业情况调查分析（五篇）[EB/OL]. http://cooco.net.cn/zuowen/188790.html，2022-5-30

育实行"大众化",尽量面向全体大学生。创业教育"大众化"是各高校的共同目标和美好愿望,即便如此,我们也必须清楚地认识到一个现实:不是所有人都想创业,不是所有人都能创业。这一差异化在大学生这一特殊群体中更加明显。不是所有大学生都有同等的创业意愿和创业潜质,他们对创业教育内容、目标的理解存在明显的不同。不同专业学生的知识基础各异,对创业教育的内容需求也各有侧重。"实践是认识发展的动力",经调查发现,[①] 参加过创业计划竞赛的学生和自主创业的学生比一般在校学生对创业教育的需求更为强烈,因为他们在实践中发现自身知识与能力的欠缺,对接受创业教育更具有目标性,相对而言,他们接受创业教育的基础与能力也更好。当然,这并不代表不参加竞赛或不自主创业的学生就不需要接受创业教育。从大学毕业生的人生走向来看,选择创业的人只占小部分,大部分学生还是选择就业,大部分人接受创业教育的目的在于提高自身的综合能力。经调查发现,有将近70%的学生想提高自己的综合素质,为以后的就业或创业打下基础,还有将近25%的学生的目标很明确,希望通过创业教育使自己成功创业。对这两种类型的学生,应该根据他们的不同情况进行具体的分析。在对所有大学生进行"大众化"的创业教育的基础上,着重对具有创业热情、创业意愿和创业潜力的大学生进行培训,把最好的创业教育资源集中起来,让他们能够得到更具针对性的"精英化"的创业教育。通过这种方式,既可以提高创业教育的质量与效率,又可以在目前我国高校创业教育资源较为缺乏的现状下达到节约创业教育资源的目的。

三、大学生创业教育在中国的路径优化

从国内外的理论与实践来看,高校创新创业教育可分为三种方式,即课程教学方式、实践活动方式和校园文化方式。在高校开展创业教育的过程中,如何将各种途径进行组合和优化,使其达到最佳的教学效果,是高校创业教育改革的一个重要课题。怎样优化?笔者认为要坚持三个原则:一是针对性原则,要与创新创业教育的目标相联系,并要体现出抓住主要矛盾和矛盾的主要方面,在认识到各个途径的多种作用的前提下,要突出其核心作用;二是系统化原则,即对每一条路径的规划,不应将其孤立,而应从整体上进行规划,并注意其内在的逻辑性

[①] 张贤,方鹏,顾建秀.创业教育:大学生由"增压器"变"减压阀"[EB/OL].https://www.gwyoo.com/lunwen/jylw/chuangyejiaoyulunwen/201407/575192.html,2022-5-30.

与关联性；三是切实可行的原则，即在寻求一条理想的道路的同时，要借鉴国外的成功经验，特别要从我国目前的创业教育现状出发。基于以上原则，笔者参考各方资料，设计了大学生创业教育的未来路径优化设计图，如图8-2所示。

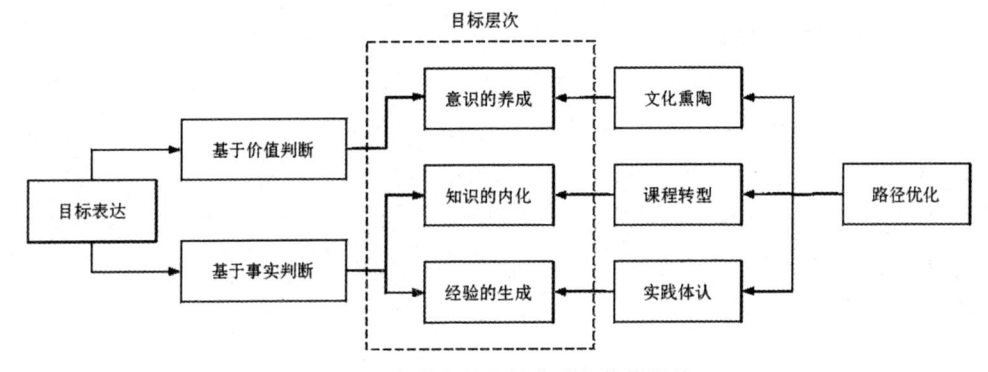

图 8-2　大学生创业教育路径优化设计

（一）弘扬"挑战文化"，激发大学生创新创业意识

在高校开展创业教育中，校园文化是关键。美国大学的创业教育，其最显著的特征之一，就是把大学的创业文化作为促进大学全面改革的中心环节。实践证明，高校创新创业教育必须要有一个良好的文化环境作为支持，而文化环境的核心是培养大学生的创新创业意识。然而，由于我国儒家传统文化强调稳定、贬抑变化，在很大程度上具有美国人类学家米德所说的"后喻文化"特征，即以重复过去为使命，对变化缺少认识。"后喻文化"对高校校园文化的影响是深远的，其具体表现为：在高校，教师被视为理所当然的知识权威，因此，学生们只能恪守师道，严守师训，这种情况下，培养出的人才往往是积淀型而不是发现型，继承型而不是创造型。也就是说，当前高校与创业创新相关的校园文化核心是"崇尚权威"的文化，破解的关键也就是"挑战权威"，进而形成"挑战文化"。"挑战文化"的基本精神在于"崇尚创新、乐于挑战、勇担风险、宽容失败"。怎样建设"挑战文化"？需从以下三个方向努力。

首先，把"挑战杯"进一步办成大学生的经常性的全民赛事。众所周知，"挑战杯"已经成为运行最为成功、影响力最大的全国在校大学生的科技学术盛会，它的积极意义在于，激发大学生创新的欲望和精神。参加"挑战杯"的选手们认为，比赛使他们更加意识到了理论、创新与实践的重要性与相关性，对以后的工作和学习有很好的指导与勉励作用，使自己不畏困难、勇于挑战和创新。但由于种种原因，目前的"挑战杯"大赛"表面上轰轰烈烈、实际上冷冷清清"，存在功利性强、参与范围小、受益人数少等问题。要进一步从创新创业校园文化建设的高度，开展经常性、多层次的"挑战杯"大赛，不断放大"挑战杯"创新创业意识的激发功能，引领大学生跨入创新创业人才浪潮中。

其次，注重培育和宣传创业教育的典型。美国高校学生创业意识的迸发，在很大程度上是创业典型带动的。斯坦福大学特曼教授出资鼓励学生成功创立惠普公司，刺激了美国大学生的创业神经。美国的创业成功案例又刺激了英国、德国、日本乃至我国创新创业教育的迅速发展。"视美乐"等一批在1999年参加"挑战杯"创业比赛中脱颖而出的大学生企业，在全国范围内掀起了一股创业热潮。所以，要重视对创业成功案例的运用，树立成功典范，强化正向引导，增加成功暗示，并对创业失败产生的负面影响进行正确处理，从而提升学生的创业成功意识。

最后，在大学校园中营造创业的良好氛围。如果单纯要求大学生创新创业，而学校和教师行动缓慢，那么便难以形成良好的创业文化。高校要立足于创建创新创业型大学，系统地进行教育教学改革。同时，积极鼓励教师创新创业，将自身的学术技能和科研成果及时转化为知识产权和市场化商品，鼓励教师积极创办企业，带动学生创业。

（二）坚持课程与教学改革同步、知识掌握与内化结合

课程体系改革是推进创业教育的重点所在。从广义上看，课程是学生在教师的指导下进行的各种活动的总和，是教育活动中教学目的、内容与实施过程的统一；从狭义上看，主要指学科课程。此处讨论的是狭义的课程。一般认为，课程居于教育的核心位置，是教育的心脏。对于创新创业教育而言，课程更是核心问题。创新创业课程建设主要有两方面。

首先，对现行的专业设置进行改革，以充分发挥其对创新创业人才的培养功能。变革的主要目的是要达到三方面的转变：一是从以知识为中心到以内化为中心。传统的课程是以知识为核心的，这种课程相当于一种特定的专业知识，大学课程的逻辑结构和内容与知识本身的逻辑结构和内容是一致的，因此，这门课程的目的就是要使学生能够熟练地掌握和记忆这些知识。正如前面所指出的那样，知识并不能独立地产生革新，而是在知识内化后与革新紧密地联系在一起。这就需要我们在制定课程目标时，不能只依据知识的结构，而要根据学生的心理结构来制定，从而促使他们形成正确的认知图式。二是由专门性转向综合性。如今的

课程，都是按照不同的主题来进行的。优质的课程与社会、时代和科技的发展相适应。在当今社会，重大科技创新需要具有高度差异性，但技术创新往往涉及多个领域，单靠单一学科已经很难实现大范围的创新和进步。进而，创新创业型人才不会是仅仅掌握单一学科的人，而是拥有综合化知识结构的人。这就需要在学科设置上，打破学科的狭小范围，弱化学科的边界，重视多学科的交叉和渗透。三是从限定性向选择性转变。创新创业教育的一个重要的思想就是把成才的选择权交给学生。而当前的课程限定性过强，一个专业的学生基本上学习同样的课程。这样的课程培养出来的学生是"被格式化的一代"，千人一面。正如《学会生存》一书所说，这样的教育"能扼杀创造性"。因此，要进一步实现真正意义上的选修制，除了极其必要的专业课程外，应最大限度地允许学生按照个人兴趣选学，促进学生形成独特的知识结构。

其次，要建立一套新的、有针对性的创新创业教育专业。究竟要开设什么样的特定的创新创业课程，这是一个非常复杂的问题，需要进行深入的研究和实践。当前，我国高校创新创业专业课程的建设，应当遵循四大原则。一是要坚持学科的立足点。在国外，创新创业教育已经形成了一门独立的学科，并取得了一定的成绩。只有把创新创业作为一门独立的学科，才能对其进行更深入、更系统的研究，建立和完善创新创业的理论体系，培养大量的专业教育人才，支撑创新创业教育的科学发展。二是层级性。不同的学校类型，不同的学历，不同的年级，在体质、知识和能力上呈现出不同的特征，所面临的问题也各不相同。创新创业教育课程的设置，要符合不同类型的学生的发展特点和成长需求，并根据不同类型的学生，重点设计不同的课程，从而实现创新创业知识、能力的螺旋式增长。三是融合。在课程设置中，要注意将学生的专业知识与课程内容相结合，挖掘每个专业的特点。例如，历史学可以阐述创业者在人类历史长河中的作用；文学可以为学生提供创业者与创业故事的精彩描述；政府政策对创业影响的内容可以整合到政治学或政治经济学中。四是混合性。从学生的组织的角度来看，创新创业教育课程除了要凸显每个专业的特点之外，还要建立一个团队来发展，运用商务思维，把经济、商务的相关专业的学生与其他学校的具有不同背景的学生混在一起进行学习。

需要进一步指出的是，在改革调整课程体系的同时，也要同步改革人才培养模式，尤其是改革教学方式。目前，对这个问题的讨论已经比较深入，存在着四个基本的共识。一是不要把学生当作知识的容器，要注重引导学生内化知识；二是不能单一地以课本为基本资源,使教材内容具有时代性、实效性和多样性;三是要在教学中重视教师与学生之间的沟通与对话,提倡问题式教学、讨论式教学、案例式教学等;四是去除教学中教师的权威和专制的角色特征,构建平等和谐的师生关系。究其实质,关键是注重"演绎式教学"和"归纳式教学"的有机结合,尤其要恰当实施"归纳式教学"。我们目前的教学方式是演绎式的,先将一个无可置疑的真理灌输给学生,然后才会用其解释或解决问题,不利于学生的创造性培养。"归纳式教学"并不预定标准答案,而是先从现象入手,给出多种理论,鼓励学生怀疑和批判,给学生很大的自主选择空间,有利于学生创新精神和创业能力的培养。

(三)打造"个性化"实践平台,丰富大学生的创新创业经验

实践教育在大学生创新创业教育中的价值是不言而喻的。如前所述,大学生创新创业能力培养是高校创新创业教育的核心内容之一。大学生的创新创业能力是在实践中逐步发展起来的,它是通过个人的创造和领悟而逐步形成的。要将这些知识转变为创新创业能力,就必须进行系统化的创新创业训练。在现阶段,我们可以通过三条途径来实现对大学生创新创业的实践性教育。

首先,把创新创业教育实践融入人才培养的大链条之中。在高校中开展创新创业实践是培养大学生创新创业能力的重要途径。但是,当前仍然存在着为了实践而实践的问题,即只是停留在表象上,建立了形式多样、数量不菲的实践基地,开展了丰富多彩的实践活动,但是,在实际操作过程中,他们把实践教育与知识学习、意识培养等相分离,实际效用不高,这让大学生创新创业教育的实践变得越来越肤浅,从而影响了教育的效果。要充分发挥实习的作用,就要在大教育观的指引下,把实习当作大学生创新创业教育系统的一部分,把实习贯穿于专业教育和人才培养的全过程,并结合学生的学科背景和身心特点,来设计和实施创新创业实习。

其次,对实习教学的平台进行了进一步的精炼。实践教学平台的构建,是学生实习顺利进行的根本保证。目前,随着国家对创新创业的高度重视,国家、地区和学校都在努力建设实践平台,已形成了一批质量高、影响力大的大学科技园、大学生创业实习基地、实践教学基地等实践平台。这一系列实践活动对大学生的创新创业教育起到了积极的作用。但是,从当前的情况来看,高校的信息技术课程仍然是一种应用性很强、普遍性很强的课程,需要提高其针对性、有效

性。创新创业实践能力具有很强的个别性,必须有针对性地进行培养。这就要求构建一个更加完善的、更加具有个性化的实践教育平台,它不仅要与大学生的学历层次、年级特征等因素密切结合,在纵向上对创新创业实践活动平台进行分层设计,也要与大学生的创新创业能力的内容维度、发展水平、成长需求等因素相结合,在横向上对创新创业实践活动平台进行分类设计。

最后,加强实践中的教育引导。目前,大学所进行的创新创业实践教育,以创业讲座、论坛和模拟实践为主,更多地将其定位在实质的经营活动或者是一般的社会实践中,过于注重对创业知识的传授,其目的是培养出职业经理人或者白领,而不是真正的创业者。这种简单的知识传递把创新与创造平庸化为单纯的技巧与操作,忽略了创新能力和创业能力的深层内涵。事实上,创新创业实践活动的价值主要是促进学生创新创业经验的生成,引导学生在实践中进行深入思考,帮助学生把握创新创业的科学规律,领悟创新创业成功的真谛。它的生成和领悟都是一个很难实现的过程,不仅要求学生主动参与,而且要求教师有很好的引导。这对教师的素质提出了更高的要求。目前,高校大学生创新创业教学中,主要是高校学生就业指导人员以及部分商业、经济等专业的专职教师。这些教师具有完整的创新创业知识体系,具有知识的传授能力,但由于工作岗位、个人经历等原因,在创新创业方面往往缺乏实践经验。因此,如何加强教师队伍的建设,是当前高校创新创业实践教学中迫切需要解决的关键问题。我国要尽快建设一支集理论与实践于一体的优秀教师队伍,进一步加强创新创业实践中对学生的教育指导。

参考文献

[1]王建,陈亭烨.大学生创新创业能力提升路径研究[J].改革与开放,2018(4):110-111.

[2]陈晶晶,李萌.新时代大学生创新创业能力提升路径研究[J].齐鲁师范学院学报,2022,37(6):46-52.

[3]刘舜,张艳丽.经管类大学生创新创业能力提升路径研究[J].教育教学论坛,2022(37):161-164.

[4]王忠福,冯艳红.管理类大学生创新创业能力提升路径研究[J].消费导刊,2017(6):216.

[5]杨鹏,何晨燕,林心怡.地方高校大学生创新创业能力提升路径研究——以温州大学为例[J].科教导刊-电子版(下旬),2021(1):34-35.

[6]刘胜辉,林琳,李宇博."互联网+"背景下大学生创新创业能力提升路径研究[J].经济研究导刊,2018(20):74-75,87.

[7]范华莉,高顺裕,汪雅."双创"背景下大学生创新创业能力提升路径研究[J].创新创业理论研究与实践,2018,1(8):119-120.

[8]陈月.新时代大学生创新创业能力提升路径研究——以数字经济环境为背景[J].投资与创业,2021,32(18):18-20.

[9]段剑伟.TRIZ理论指导下大学生创新创业能力提升路径研究[J].黑河学院学报,2018,9(6):11-12.

[10]谢玉洁,于长乐,吕华鲜."互联网+"大赛背景下地方院校大学生创新创业能力提升路径研究——以桂林理工大学为例[J].内江科技,2022,43(2):85-86,102.

[11]郑志欣,陈萍.金融类大学生创新创业能力提升路径研究[J].山西青年,2020(2):59.

[12]张倩湄.民族地区大学生创新创业能力提升路径研究——基于对《关于费尔巴哈的提纲》的理解[J].教育教学论坛,2021(18):30-33.

[13]马晓荣,王龙.基于大数据分析的大学生创新创业能力提升路径研究[J].陕西教育(高教),2019(8):49-50.

[14]董兰国,宁利红.大学生职业生涯规划能力与创新创业能力提升路径研究[J].科教文汇,2021(23):27-29.

[15]陈健颖.基于提升大学生就业能力视角下的创新创业教育路径研究——以广州华商职业学院为例[J].百科论坛电子杂志,2020(12):241.

[16]高志宏.大学生创新创业法律风险防范能力提升及其教育路径研究[J].江苏高教,2018(4):95-97,103.

[17]彭晗,上官林建,袁柯佳."互联网+"背景下大学生创新创业能力评价与提升路径研究[J].中国大学生就业(综合版),2021(1):58-64.

[18]王连秋.提升大学生创新创业能力的有效路径研究[J].教育教学论坛,2017(33):250-251.

[19]田书建,宋小勇,徐启.新工科背景下理工科大学生创新创业能力评价指标体系构建与提升路径研究[J].创新创业理论研究与实践,2020,3(9):7-10.

[20]哈艳,贾冀南,王丽红.共享经济视域下提升大学生创新创业能力路径研究[J].经济研究参考,2018(22):41-44.

[21]王馨.大学生创新思想培育与创业能力提升路径研究[J].开封教育学院学报,2019,39(9):150-151.

[22]夏艳明.大学生职业生涯规划与创新创业能力提升路径研究[J].科教导刊-电子版(中旬),2019(12):22.

[23]林妙玲.提升大学生创新创业能力的路径研究[J].魅力中国,2019(50):392-393.

[24]王琳娜.高校大学生创新创业能力的培养及提升路径研究——以云南师范大学为例[J].产业与科技论坛,2018,17(18):283-284.

[25]雍莉莉,宋恒恒,谢心怡."互联网+"时代大学生创新创业实践能力提升路径研究[J].教育教学论坛,2017(27):146-147.

[26]朱庆生,樊显昧.基于大数据分析的大学生创新创业能力最优提升路径研究[J].赤峰学院学报(自然科学版),2017,33(11):219-222.

[27]齐蓓,刘华志.提升应用型院校大学生创新创业能力路径研究[J].现代交际,2017(18):56.

[28]张瑞.创新创业能力视野下工科大学生就业质量提升路径研究——以机械工程学院为例[J].消费导刊,2020(33):117-118.

[29]陈希.高校共青团组织提升大学生创新创业实践能力的路径研究[J].青年与社会,2019(34):40-41.

[30]童佳叶.与"一带一路"国家战略背景相适应的大学生创新创业能力提升路径的研究与实现[J].课程教育研究:学法教法研究,2018,0(25):41.

[31]张玉波.高校大学生创新创业能力培养的研究与实践[J].安徽职业技术学院学报,2021,20(2):76-80.

[32]任竞竞.产教融合背景下饲料专业大学生创新创业能力培养路径分析[J].中国饲料,2022(6):141-144.

[33]廖彩霞,周勇成.技能型社会视域下高职学生创新创业能力提升的挑战与路径[J].教育与职业,2022,1018(18):67-71.

[34]刘宇."双高"建设背景下高职学生创新创业能力培育路径分析[J].产业与科技论坛,2021,20(9):170-171.

[35]王玺年,苗旭,潘越博,等.乡村振兴背景下畜牧兽医专业学生创新创业能力提升研究——以甘肃畜牧工程职业技术学院为例[J].畜牧兽医杂志,2022,41(5):91-94.

[36]孔燕.基于创业教育理念下的高校思政教改与创新模式探析[J].公关世界,2022(2):90-91.

[37]陈元书.新媒体运营与大学生创新创业能力提升研究[J].新闻研究导刊,2022,13(15):206-208.

[38]娄星明.新时代听障大学生创新创业的现状、挑战与对策[J].品牌研究,2022(6):238-240.

[39]程超."互联网+"背景下计算机专业人才创新创业素养提升路径探究[J].软件,2022,43(3):180-182.

[40]曾川江,刘变玉,梅云,等."互联网+"背景下高职院校创新创业教育路径研究[J].河南农业,2022(27):16-17.

[41]郭玲玲.开放教育学生创新创业能力提升路径研究——以新疆开放大学为例[J].创新与创业教育,2022,13(4):79-87.

[42]董亭亭.大学生创新创业教育培养路径探析[J].佳木斯大学社会科学学报,2022,40(4):196-197,200.

[43]殷亚敏，刘博."双高计划"背景下高职院校大学生实践育人路径探析[J].杨凌职业技术学院学报，2022，21(3)：52-55.

[44]张冬.新时代高校社团育人功能及实现路径研究——以肇庆市高校为例[J].吉林省教育学院学报，2022，38(10)：157-160.

[45]梅迪，朱世杰，关绍康.通过开展大学生创新创业训练计划项目提升材料专业本科生创新能力的实践探索[J].中国现代教育装备，2022(19)：143-145.

[46]孙华.高校创新创业教育课程中加入思政育人理念的必要性与路径研究[J].文教资料，2022(18)：105-107.

[47]梁海旭.提质培优背景下高职学生创新创业精神培育研究[J].淮南职业技术学院学报，2023，23(1)：107-109.

[48]魏赛金.专业教师创新创业教育能力提升路径——基于江西农业大学生物工程专业的实证研究[J].科教导刊，2023(1)：88-90.

[49]刘鑫."互联网＋"视域下大学生"双创"竞赛能力提升研究[J].吉林农业科技学院学报，2023，32(1)：66-69，94.

[50]罗敏娜."新常态"背景下高校创新创业师资能力提升路径研究[J].创新创业理论研究与实践，2021，4(4)：145-147.